말투가 인격이다

사람과 인생의 격을 올리는 말 습관 30

말투가
인격이다

박근일 지음

유노
북스

말은 그 사람의 마음을 비추는 거울이다.

— 고대 로마 격언

말투는 당신이 세상에 내놓는
가장 정직한 명함이다

화려한 옷을 입고 명품 가방을 들었어도 입을 여는 순간 품격이 낮아 보이는 사람이 있습니다. 반면 소박한 차림새지만 건네는 말 한마디에서 깊은 신뢰와 기품이 느껴지는 사람도 있습니다.

우리는 흔히 말투를 단순한 '말하는 버릇'이나 '기술' 정도로 생각합니다. "내가 원래 말투가 좀 직설적이야", "마음은 안 그런데 말이 헛나왔어"라며 퉁명스러운 태도를 성격 탓으로 돌리기도 합니다. 하지만 냉정하게 말해, 그것은 성격이 아니라 인격의 문제입니다. 말투는 생각과 감정, 그리고 타인을 대하는 태도가 밖으로 드러나는 가장 정직한 명함입니다.

이 책은 단순히 말을 예쁘게 하라고 강요하는 도덕 교과서가 아닙니다. 험한 세상에서 나를 지키고, 관계를 살리며 인생의 주도권을 되찾기 위한 가장 실용적인 인격 수업입니다.

첫째, 이 책은 무너진 관계를 다시 세우는 접착제가 되어 줄 것입니다.

말투가 어떻게 우리의 진짜 인격을 드러내고 관계의 수명을 결정하는지 살펴봅니다. 부부 관계의 골이 깊어지고, 자녀와의 대화가 단절되고, 직장 동료와의 신뢰가 깨졌다면, 그 시작점에는 반드시 잘못된 말투가 있습니다. 긍정의 언어, 구체적인 칭찬, 진정성 있는 사과, 그리고 기다림의 미학을 통해 차가워진 관계의 온도를 다시 따뜻하게 데우는 구체적인 솔루션을 제시합니다.

둘째, 이 책은 무례한 세상으로부터 당신의 존엄을 지키는 방패를 선물합니다.

우리는 살면서 예기치 않게 공격적인 말과 마주합니다. 이때 똑같이 화를 내며 대응하면 나 또한 그 사람과 같은 수준으로 떨어지게 됩니다. 상대의 감정에 휘말리지 않고 침묵과 거리 두기, 그리고 단호한 품격으로 대처하여 나를 지키는 법을 알려드립니다. 싸우지 않고도 이기는 진정한 어른의 승리법을 배우게 될 것입니다.

셋째, 이 책은 당신의 인생을 명품으로 만드는 브랜딩 전략입니다.

긍정적이고 신뢰를 쌓는 구체적인 말하기 기술을 제시합니다. 부정어를 긍정어로 바꾸는 법, 여지를 남기는 지혜, 구체적으로 칭찬하고 감사하는 법, 성장을 돕는 피드백의 기술 등을 배울 것입니다. 말투는 당신이 세상에 내놓는 가장 확실한 보증서입니다. 내가 사용하는 언어가 미래를 예언하고, 나의 브랜드 가치를 결정합니다.

넷째, 말투가 어떻게 인생 전체를 변화시키는지를 조망합니다. 감정 조절의 중요성, 삶의 주도권 회복, 말의 예언력, 그리고 자녀에게 물려줄 최고의 유산으로서의 품격 있는 언어까지 다룹니다.

이 책의 모든 이론은 심리학, 뇌과학, 동서양 고전 철학의 검증된 연구들로 뒷받침됩니다. 하지만 딱딱한 이론서가 아닙니다. 일상에서 바로 적용할 수 있는 구체적인 문장과 실천법,

그리고 실제로 말투를 바꿔 인생이 변화한 사람들의 생생한 사례로 가득 채웠습니다. 각 장마다 제시되는 '3초 멈춤 규칙', '사실-영향-제안 구조', '그렇군요, 그리고 화법' 등은 내일 아침부터 당장 실천할 수 있는 도구들입니다.

"옥은 깎고 다듬지 않으면 그릇이 되지 못한다"라는 옛말처럼 우리의 언어생활도 끊임없는 절차탁마(切磋琢磨)의 과정이 필요합니다. 말투는 타고나는 것이 아니라 평생을 두고 갈고닦아야 하는 기술이자 수양의 결과물입니다. 원석 상태의 다이아몬드가 아무리 귀해도 연마 과정을 거치지 않으면 그저 돌덩이에 불과하듯, 우리의 언어도 끊임없이 다듬고 깎아 내지 않으면 그 안에 담긴 진심과 지혜가 빛을 발하지 못합니다.

당신이 오늘 건네는 말 한마디가 내일의 당신을 만듭니다. 말투를 바꾸면 생각이 달라지고, 생각이 달라지면 행동이 바뀌며, 행동이 바뀌면 인생이 변화합니다. 이것은 단순한 희망이 아니라 과학이 증명한 진실입니다.

지금 이 책을 펼치신 여러분은 이미 변화할 준비가 되어 있는 분들입니다. 자신의 말투를 돌아보고 더 나은 사람이 되고자 하는 그 마음 자체가 이미 훌륭한 인격의 증거이기 때문입니다. 이제 당신의 입에서 나오는 언어를 의식적으로 선택하고 설계할 시간입니다. 말투라는 보석을 평생 갈고닦아 당신의 인생을 명품으로 만드는 여정에 함께하시기를 초대합니다.

이 책을 읽는 동안, 그리고 읽은 후에도 당신의 말투는 조금씩 변화할 것입니다. 그 변화가 당신의 관계를 회복시키고, 가족에게 미소를 되찾아 주며, 직장에서 신뢰를 쌓고, 궁극적으로 당신이라는 사람의 품격을 완성하기를 진심으로 기원합니다.

말투는 결국 당신이 세상과 만나는 방식입니다.
말투는 인격이고, 인격은 평생 연마하는 당신의 작품입니다.

말투라는 인격의 옷을 정갈하게 입고
세상에 나설 당신을 응원하며,
박근일 드림

차례

1장
나는 어떤 사람으로 말할 것인가
5대1 비율의 심리학부터 쿠션 표현까지

6장
인격이 말투가 되고 인생이 된다
주인공의 말투부터 삶을 바꾸는 말투까지

나는
어떤 사람으로
말할 것인가

5대1 비율의 심리학부터 쿠션 표현까지

결국 관건은
내용보다 말투다

"말을 한번 해 봐라. 그러면 나는 당신을 알아볼 수 있을 것이다."

- 벤 존슨(영국 시인 겸 극작가)

사람은 말의 내용을 듣기 전에 말투부터 느낍니다. 우리는 명함을 건네기도 전에 이미 한 장의 보이지 않는 명함을 내미는 셈입니다. 바로 '말투'라는 명함이죠. '어떤' 말을 하느냐보다 '어떻게' 말하느냐가 훨씬 빠르게 인상을 결정합니다. 그래서 말투는 가장 정직한 자기소개서입니다.

얼마 전 한 취업 준비생이 저에게 고민을 털어놓았습니다.

"면접 준비를 완벽하게 했는데, 현장에서 긴장한 나머지 말투가 너무 퉁명스럽게 나왔어요. 그 순간 면접관님 표정이 굳는 게 느껴졌어요."

그 학생은 명문대를 졸업하고 다양한 자격증도 가지고 있었지만, 불과 몇 분간 내보인 말투 때문에 중요한 기회를 놓쳤습니다. 이처럼 철저히 준비한 답변도, 열심히 쌓아 온 스펙도 말투라는 필터를 통과하지 못하면 제대로 전달되지 않습니다.

반대로 한 중견기업 인사 담당 임원은 저에게 이렇게 말했습니다.

"면접에서 경력은 다소 부족했지만 차분하고 성실한 말투로 응답한 지원자를 선택했어요. 그 사람의 말투에서 신뢰감이 느껴졌거든요. 함께 일하고 싶다는 생각이 들었죠."

동일한 면접 상황에서 결과를 가른 것은 지원자의 답변 내용이 아니라 말투였습니다. 말투에서 비롯되는 인상은 이성적인 평가보다 먼저 작동합니다. 이처럼 말투는 우리가 의식하지 못하는 사이에 상대방의 머릿속에 강력한 첫인상을 새깁니다.

같은 내용을 말해도 말투에 따라 듣는 사람이 느끼는 감정은 완전히 다릅니다. 차분하게 말하는 사람의 이야기는 귀에 편안하게 들어오지만, 날카롭고 빠른 말투는 그 내용이 아무리 좋아도 방어적으로 들리기 십상입니다.

'저 사람이 틀린 말을 하는 게 아닌데 왜 이렇게 마음이 불편하지?'

평소 이런 기분을 느낀 적이 있다면 그것은 내용의 문제가 아니라 상대방의 말투 때문입니다.

우리가 상대방의 말을 들을 때 뇌에서 가장 먼저 반응하는 영역은 어디일까요? 여러 심리학 연구들은 첫인상을 판단하는 기준의 절반 가까이가 말투에서 비롯된다고 보고합니다. 이를테면 목소리 톤, 말의 속도, 발음의 안정감 같은 비언어적 단서들이 뇌의 감정 영역을 가장 먼저 자극합니다.

'이 사람, 안정적인가? 예민한가? 편안한가? 불편한가?'

그래서 말의 논리가 도달하기도 전에 이미 상대방에 대한 평가가 끝나 버리는 거죠. 이것이 말투가 첫인상을 결정하는 명함인 이유입니다.

논리 정보보다 빨리 각인되는 감정 정보

심리학에는 이를 설명하는 매우 유명한 현상이 있습니다. 바로 '초두 효과'인데요. '첫 정보가 전체 판단을 지배한다'는 원리입니다. 그런데 말투는 단순한 정보가 아니라 감정적 정보입니다. 감정적 정보는 논리적 정보보다 훨씬 빠르게 뇌에 저장됩니다. 그래서 우리는 상대방의 말투를 듣고 나서 단박에 이렇게 느끼죠.

'저 사람 말이 맞긴 한데… 왠지 좀 거슬리네.'
'말투가 편안하니까 설명도 더 신뢰가 가는구나.'

대화에서 항상 문제가 되는 것은 말 자체가 아니라 말투입니다. 말투가 우리의 감정 회로를 먼저 점령해 버리기 때문이죠. 사회심리학자들은 신뢰를 결정하는 요소 중 하나로 '상대방의 말투에서 느껴지는 일관성'을 꼽습니다.

• 말의 내용은 친절한데 톤이 공격적이면
→ 불신을 만든다.
• 말의 내용은 단호한데 속도가 지나치게 빠르면
→ 불안해 보인다.

- 말의 내용은 괜찮은데 말끝을 흐리면

→ 책임을 피하는 인상을 준다.

즉 말투는 말하는 사람의 의도, 감정, 능력, 성품을 한순간에 판단하게 만드는 종합 신호입니다. 그래서 말투 하나가 사람 전체의 인상을 바꿔 놓기도 합니다.

그렇다면 우리는 어떻게 해야 할까요? 다행히도 말투는 타고나는 성질이 아니라 조정하고 설계할 수 있는 기술입니다.

다음은 지금 바로 실천할 수 있는 말투 훈련법입니다.

첫째, 속도를 한 박자 늦춰라

중요한 말을 할 때 평소보다 0.5초 느리게 말하세요. 빠른 속도로 말하면 불안해 보이고, 느린 속도로 말하면 답답함을 불러일으킵니다. '차분한 속도'는 신뢰와 전문성을 동시에 전달합니다.

둘째, 즉답 대신 완충 표현을 넣어라

"아니요", "몰라요", "그게 아니라요"처럼 곧바로 부정하는 말을 피하세요. "잠시 생각해 보겠습니다", "질문 감사합니다" 같은 완충 표현은 상대방의 마음을 부드럽게 열어 줍니다.

셋째, 감정을 목소리 톤에 싣지 말아라

피곤한 날일수록 목소리 톤을 의식적으로 낮추세요. 불필요하게 올라간 톤은 그 자체로 공격적 인상을 주지만, 평온한 톤은 성숙함을 느끼게 합니다.

넷째, 감사 표현은 구체적으로 말하라

"감사합니다" 뒤에 이유를 덧붙이세요. "시간 내주셔서 감사합니다"처럼 말이죠. 구체화된 감사는 상대방으로 하여금 '존중받았다'고 느끼게 합니다.

말을 할 때 우리가 던져야 할 가장 중요한 질문은 이것입니다.

'나는 어떤 사람으로 기억되고 싶은가?'

남들이 나를 어떻게 바라봐 주길 원하는지 그 이미지가 정해지면, 거기에 맞는 말투를 의식적으로 연습하세요. 말투는 하루아침에 변하지 않지만, 나날이 작은 변화가 반복되면 당신만의 인격 명함이 서서히 완성됩니다. 종이 명함은 언제든 다시 만들 수 있지만, 말투 명함은 매일의 말 습관을 통해 천천히 새겨지는 법입니다.

당신이 하는 첫마디가 곧 당신입니다. 오늘부터 당신의 말투 명함을 평소보다 더 정성스럽게 다듬어 보세요. 그 명함이 따뜻하고 단단해질수록 사람들은 자연스럽게 당신을 신뢰할 것입니다.

02

할까 말까 고민되는 말이라면
자문자답해 볼 것

"칼에 베인 상처는 아물지만 말에 베인 상처는 영원히 남는다."

- 페르시아 속담

관계는 큰 사건보다 사소한 말 한마디로 끝나는 경우가 더 많습니다.

"자네 정도면 당연히 떨어질 줄 알았어."

한 대기업 임원이었던 분이 승진 발표 날, 오랜 동료에게 농담처럼 말했다가 그 동료와의 관계가 영원히 끊어진 이야기는 무심한 말의 치명적인 결과를 보여 줍니다. 웃으면서 던진 말 속에 경멸이라는 독이 숨어 있었기 때문이죠.

반면에 어느 스타트업 대표는 힘든 시기에 직원들에게 이렇게 말했습니다.

"여러분이 있어서 우리가 버틸 수 있어요. 고마워요."

같은 위기 상황이라도 말투에 따라 전혀 다른 결과가 만들어집니다. 한마디의 선택이 관계의 수명을 늘리기도 단축시키기도 하죠.

우리는 흔히 가볍게 던진 말은 바람처럼 흩어져 사라질 것이라고 착각합니다. 하지만 입 밖으로 내뱉은 말은 결코 사라지지 않습니다. 상대방의 마음속에 그대로 남기 마련입니다. 타인의 자존감을 긁는 말, 조롱처럼 들리는 농담, 함부로 던진 평가들은 관계를 서서히 부식시키는 독이나 다름없습니다.

"별것도 아닌데 왜 그래?"
"너 원래 그렇잖아."

이런 말들은 상대방에게 이렇게 들립니다.

"당신은 존중받을 만한 존재가 아니다."

이렇게 나도 모르게 내뱉은 말로 관계의 수명은 조금씩 짧아집니다. 성숙한 말투란 관계를 지켜 내는 방부제이자 영양제입니다. 의식적으로 배려한 말투가 가장 소중한 관계를 끝까지 지켜 줍니다. 지금 여러분의 말투는 가장 소중한 관계들의 수명을 늘리고 있나요, 아니면 단축시키고 있나요?

관계 붕괴와 관계 해독의 심리학

세계적인 관계 전문가 존 가트맨 박사는 단 15분의 대화만으로 부부의 이혼 여부를 90퍼센트 이상 예측할 수 있다고 말합니다. 그가 제시한 '묵시록의 네 기사' 개념은 모든 인간관계에 그대로 적용됩니다.

첫째, 경멸

비웃는 톤, 비꼬는 말투, 조롱은 관계를 파괴하는 가장 치명적인 독입니다.

둘째, 비난

상대방의 행동이 아닌 인격 자체를 공격하는 말투입니다.

셋째, 방어

책임을 부정하고 변명해 상대방을 또 공격하는 태도입니다.

넷째, 담쌓기

대화를 끊고 감정적으로 물러나 버리는 회피입니다.

이 네 가지 말투가 반복되면, 관계의 수명은 빠르게 줄어듭니다. 신경 과학 연구에 따르면 우리의 뇌는 긍정보다 부정 자극을 다섯 배 더 강하게 기억합니다. 열 번의 칭찬보다 한 번의 상처가 훨씬 오래 남는 이유입니다. 가트맨 박사는 긍정 상호작용과 부정 상호작용이 최소 5:1 비율로 유지돼야 건강한 관계라고 말합니다. 즉, 무심코 던진 부정적 한마디에서 비롯된 상처를 회복하려면 다섯 번의 진심 어린 긍정이 필요하다는 뜻입니다.

대화를 나눌 때 사람은 본능적으로 자존감을 보호하려고 합니다. 경멸, 비난, 조롱은 상대방의 자존감을 직접적으로 공격하는데 그 결과로 상대방은 그 고통을 피하고자 관계에서 멀어지려는 방어 기제를 작동합니다. 결국 말투는 단순한 말의 기술이 아니라 상대방의 자존감을 존중하느냐, 훼손하느냐의 문제입니다.

무심한 말이 관계의 수명을 좌우한다는 것을 깨달았다면, 이제 우리의 언어 습관을 업그레이드할 때입니다.

다음은 가트맨 박사가 제시한 해독제 이론을 기반으로 관계의 수명을 건강하게 늘려 나가는 구체적인 방법들입니다.

첫째, '3초 멈춤'으로 감정에 제동 장치를 걸어라

말이 튀어나오기 직전 3초, 이 3초가 관계를 지켜 주는 가장 강력한 안전장치입니다.

"이 말이 관계를 좋게 만들까?"

이 질문에 자신 있게 '예'라고 말할 수 없으면 하려던 말을 당장 멈추세요.

둘째, 비난 대신 '나는 메시지'로 말하라

"너 때문에"가 아니라 "나는 …했어요"로 감정을 전달하세요. 상대방의 인격을 공격하지 않고도 문제를 말할 수 있습니다.

셋째, 즉시 복구를 시도하라

상대방에게 상처가 될 말을 했다면 "방금 내 말은 적절하지

않았네요. 미안합니다"라고 즉각 이야기하세요. 이 한마디가
관계의 균열을 바로 복구합니다.

넷째, 감사 표현을 습관화하라

경멸은 완전히 금지하고 감사 표현을 습관화하세요. 5:1 비
율을 유지하는 가장 쉬운 방법입니다.

다섯째, 유연한 말투로 존중의 신호를 보내라

"이게 정답이에요" 대신 "제 생각은 이렇지만, 다른 의견도
듣고 싶어요"라고 말하세요. 관계를 우아하게 만드는 말투입
니다.

무심한 한마디는 관계의 수명을 깎아내리지만 의식적으로
선택한 말투는 관계를 지키고 확장시킵니다. 당신의 한마디가
관계를 살리는 양분이 되길 바랍니다.

03

0.04초 찰나의 마음을
인정하라

"따뜻한 말 한마디는 긴 겨울도 따뜻하게 할 수 있다."

- 일본 속담

워킹맘 은영 씨는 어느 날 저녁, 온몸이 쑤시고 머리가 지끈거리는 상태로 퇴근했습니다. 거실에서 숙제를 하던 아이가 "엄마, 이 문제 어떻게 풀어?" 하고 물었을 때, 은영 씨는 이렇게 대답했습니다.

"음… 넌 그걸 꼭 지금 물어봐야 하니?"

목소리는 평소와 크게 다르지 않다고 생각했지만, 왠지 모르게 말끝이 짧고 퉁명스러웠습니다. 아이는 금세 고개를 숙이며 방으로 들어갔고, 옆에서 이를 지켜보던 남편도 슬쩍 자리를 피했습니다. 말보다 먼저 전달된 것은 '지금 나는 여유가 없다'는 감정이었습니다. 움츠러든 가족들 반응에 은영 씨는 '내가 뭘 잘못 말했나?'라고 생각했지만, 사실 아이와 남편은 은영 씨의 말투에서 피로와 짜증이라는 '차가운 온도'를 먼저 느꼈던 것입니다.

회사에서 팀장직을 맡고 있는 준호 씨는 늘 완벽한 업무 처리를 자랑합니다. 어느 날, 후배가 보고서를 가져왔을 때 그는 서류를 툭 내려놓으며 말했습니다.

"이걸 보고서라고 가져왔어? 이런 식으로 해서 언제 성과를 낼 건가?"

내용은 개선을 위한 피드백이었지만, 준호 씨의 날카로운 목소리 톤과 짧게 끊는 말투는 후배에게 '나는 무능하다', '팀장님은 나를 신뢰하지 않는다'는 차가운 메시지로 전달됐습니다. 이후 후배는 준호 씨를 피하기 일쑤였고, 준호 씨는 "요즘 젊은 사람들은 왜 이렇게 예민한지 모르겠다"라며 후배를 이해할 수 없어 했습니다. 이 경우에도 문제는 말의 내용이 아니라 말투의 온도였습니다. 준호 씨도 은영 씨처럼 정작 자신의 말투가 얼마나 차가운 온도였는지 미처 알지 못했습니다.

말투는 우리의 마음을 가장 정직하게 드러내는 온도계입니다. 우리가 아무리 표정을 관리하고 말의 내용을 신중하게 선택해도 말투만큼은 마음의 온도를 그대로 전달합니다. 피곤할 때는 톤이 낮아지고, 짜증이 날 때는 속도가 빨라지며, 불안할 때는 말끝이 떨립니다. 반대로 기쁠 때는 목소리가 한 톤 높아지고, 평온할 때는 말의 속도가 차분해집니다. 이처럼 말투는 우리가 의식하지 못하는 사이에 내면의 감정을 상대방에게 고스란히 전달합니다.

마음은 절대 숨길 수 없다

말투가 곧 마음의 온도라는 것은 단순한 비유가 아니라 과학적으로 증명된 진실입니다. 이 분야의 선구자인 미국 심리학자 폴 에크먼 박사는 40여 년에 걸친 연구로 인간의 감정 표현이 얼마나 정직하고 보편적인지 밝혀냈습니다.

에크먼 박사는 인간의 감정 표현이 단순히 문화적 학습의 결과가 아니라 생물학적으로 타고난다는 것을 증명하기 위해 파푸아뉴기니의 포어 부족을 찾아갔습니다. 이 부족은 외부 문명과의 접촉이 거의 없어서 서구 사회의 표정이나 말투를 학습할 기회가 없었죠.

에크먼 박사가 이들을 대상으로 실험한 결과, 서구 사회에서 발견되는 분노, 두려움, 기쁨, 슬픔, 혐오, 놀라움 같은 기본 감정들이 포어 부족 사람들의 표정에서도 똑같이 표현되고 인식된다는 것을 확인했습니다. 즉 인간의 감정은 전 세계적으로 보편적이며, 표정뿐 아니라 목소리에도 그대로 반영되는 생물학적 메커니즘을 가지고 있다는 사실을 입증한 것입니다.

에크먼 박사의 연구 중 우리에게 가장 충격적인 통찰을 주는 것은 바로 '미세 표정'의 발견입니다. 이것은 우리가 어떤 감정을 억누르려 하거나 숨기려 할 때, 0.04초에서 0.2초 사이에 얼굴에 순간적으로 나타났다가 사라지는 찰나의 표정입니다. 마치 우리의 무의식이 아주 잠깐 '진실'을 노출하는 것과 같죠.

말투 역시 마찬가지입니다. 아무리 애써 밝게 "괜찮아요"라고 말하더라도, 목소리 톤의 미세한 떨림, 말의 속도 변화, 호흡의 리듬과 같은 청각적·비언어적 신호들은 우리의 진짜 감정을 그대로 드러냅니다. 이 비언어적 단서들은 우리의 의식적 통제를 벗어나 무의식적으로 표출되죠. 그렇기 때문에 상대방은 우리의 말투를 통해 우리의 진짜 마음이 지금 몇 도인지를 정확하게 읽어 낼 수 있는 것입니다.

말투가 마음의 온도를 드러낸다는 사실을 알았다면, 우리는 어떻게 해야 할까요? 가장 중요한 것은 말투를 의식하기 전에 마음부터 먼저 돌보는 것입니다. 아무리 말투를 조심해도 속마음이 불편하면 결국 밖으로 드러나기 마련입니다. 억지로 밝은 톤을 만들려고 하면 오히려 부자연스러워져서 상대방에게 더 큰 불편함을 안겨 줍니다.

성숙한 사람은 감정을 숨기는 기술이 아니라 감정을 인정하고 조절하는 방법을 압니다. 다음은 말투의 온도를 높이는 품격 있는 말 습관 다섯 가지입니다.

첫째, 말하기 전 '3초 호흡법'을 실천하라

화가 났을 때, 피곤할 때일수록 의식적으로 멈추고 심호흡하세요. 3초 동안 깊게 숨을 들이마시고 내쉬면 흥분된 감정이 가라앉고 말투의 온도를 조절할 수 있습니다. 이 짧은 시간이 감정과 이성을 분리시켜 후회할 말을 막습니다.

둘째, '감정 라벨링'으로 내 마음을 알아차려라

말하기 전에 지금 내가 느끼는 감정이 무엇인지를 먼저 명확히 인식하세요. '나는 지금 피곤해서 짜증이 났구나', '나는 지금 불안해서 말이 빨라지는구나'처럼 감정에 이름을 붙이면 그 감정이 말투로 무의식적으로 새어 나가는 것을 막을 수 있습니다. 감정에 이름을 붙이는 것만으로도 감정의 강도가 줄어듭니다.

셋째, '온도 체크 질문'을 습관화하라

중요한 말을 하기 전에 스스로에게 물어보세요. '이 말투의 온도가 적절한가?', '상대방이 내 말투의 온도를 어떻게 느낄까?', '내가 이런 온도를 지닌 말투를 듣는다면 기분이 어떨까?' 이 질문들은 특히 가정에서 감정이 폭발하기 쉬운 순간, 이성적인 통제력을 회복하게 해 줍니다.

넷째, '따뜻한 문장으로 시작하기'를 훈련하라

부정적인 피드백을 해야 할 때도 따뜻한 말로 시작하세요. 가령 "이 부분이 잘못됐어"가 아니라 "수고했어요. 그런데 이 부분을 조금 더 보완하면 어떨까요?"로 피드백의 문을 여는 것이죠. 같은 내용이라도 시작의 온도가 다르면 상대방이 받아들이는 방식도 완전히 달라집니다.

다섯째, 감정을 인정하고 솔직하게 말하라

"괜찮아"라고 거짓말하는 대신 "지금 조금 힘들어. 시간을 좀 주면 괜찮아질 것 같아"라고 말하세요. 솔직한 말투는 상대방에게 신뢰를 주고 관계를 더 깊게 만듭니다. 진정으로 인격적인 사람은 감정의 기복과 상관없이 말투의 온도를 일정하게 유지합니다.

말투는 숨길 수 없는 마음의 온도계입니다. 그러나 그것은 우리의 약점이 아닌 진정성을 전하는 통로가 될 수 있습니다. 오늘부터 여러분의 말투 온도를 체크하세요. 항상 따뜻하되 적절한, 편안하되 정중한 말투의 온도를 유지하는 연습을 시작해 보세요. 말투의 온도가 곧 당신의 인격을 말해 주고, 당신의 관계를 결정할 테니까요. 따뜻한 마음으로 건네는 한마디가 차가운 백 마디보다 훨씬 가슴 깊이 전해집니다.

04

10년간 반복하는 단어
5,840만 개의 힘

"습관은 처음에는 거미줄처럼 가볍지만 나중에는 쇠사슬처럼
무거워진다."

- 스페인 속담

미영 씨는 어느 날 중학생 딸로부터 뼈아픈 말을 들었습니다.

"엄마는 항상 '안 돼', '왜 그렇게 했어', '그러니까 말했잖아'라고
만 말해. 근데 나도 모르게 친구들한테 똑같이 말하고 있더라."

미영 씨는 그 순간 큰 충격을 받았습니다. 자신이 무심코 20년

가까이 반복해 온 말 습관이 딸의 언어가 되어 있었기 때문입니다. 무신경했던 자신의 말 습관이 딸의 인생에까지 영향을 미치고 있었던 것입니다.

대기업 과장으로 일하고 있는 정훈 씨도 비슷한 경험을 했습니다. 그는 회사에서 늘 "힘들다", "이건 안 될 거야", "어려울 것 같아"라는 말을 습관처럼 했습니다. 그동안 자신의 피드백이 현실적인 판단이라고 생각했지만, 어느 날 후배가 조심스럽게 말했습니다.

"과장님, 요즘 힘든 일 있으세요? 이런 이야기를 드리는 게 실례 같기는 하지만, 말씀하실 때마다 부정적인 단어가 너무 많아서요."

정훈 씨는 그제야 깨달았습니다. 자신이 일터에서 10년 넘게 반복해 온 말 습관이 자기도 모르는 사이에 자신을 부정적인 사람으로 만들었고, 팀원들의 도전 의지를 꺾었으며, 결국 승진에서도 번번이 탈락한 이유였다는 것을요.

우리는 매일 평균 1만 6,000단어를 말한다고 합니다. 1년이면 584만 개, 10년이면 5,840만 개의 단어를 내뱉는 것입니다. 이 엄청난 반복 속에서 우리의 말은 습관으로 굳습니다. 습관은 생각을 만들고, 생각은 행동이 되며, 행동은 결국 인생을 빚어냅니다. 말의 습관은 단순히 언어 패턴이 아닙니다. 그것은 우리 인생의 설계도이자, 미래를 만드는 가장 강력한 도구입니다.

뇌가 생각하지 않고 말하는 이유

〈뉴욕 타임스〉 베스트셀러 작가이자 퓰리처상 최종 후보에 오른 찰스 두히그는 그의 저서 《습관의 힘》에서 700여 편의 학술 논문과 300여 명의 과학자를 인터뷰하며 습관의 과학적 원리를 밝혀냈습니다. 그는 모든 습관이 '신호-반복 행동-보상'이라는 3단계 루프를 따른다는 것을 발견했습니다.

MIT 연구진이 실험용 쥐를 미로 속에 넣고 뇌 활동을 관찰했을 때, 놀라운 현상이 발견됐습니다. 처음 미로에 놓인 쥐는 갈림길을 마주칠 때마다 많은 고민을 했고 뇌는 격렬하게 활동했습니다. 하지만 같은 실험을 반복하자 쥐의 뇌 활동량이 급격히 줄어들었습니다. 뇌가 반복되는 행동을 '습관'이라는 자동 모드로 전환해 에너지를 절약한 것입니다.

이것이 바로 '신경 가소성'의 원리입니다. 우리 뇌는 경험에 따라 지속적으로 변화할 수 있는 놀라운 능력을 가졌습니다. 특정 행동을 반복하면 그 행동과 관련된 신경 세포들이 연결되고, 연결이 강화되면서 시냅스가 형성됩니다. 마치 숲에서 사람들이 많이 밟고 다닌 땅에는 자연스럽게 길이 생기는 것처럼 우리가 특정한 말을 자주 하다 보면 뇌에 그와 관련된 신경 경로가 만들어집니다.

더 놀라운 사실은 이러한 신경 경로가 만들어지면 뇌는 '생각'조차 하지 않고 자동으로 반응한다는 것입니다. 미영 씨가 딸에게 "왜 그렇게 했어?"라고 말하는 것은 의식적 선택의 결과가 아니라 20여 년에 걸친 반복으로 형성된 자동 반응입니다. 정훈 씨가 "힘들다"라고 말하는 것도 10여 년간의 반복이 만든 뇌의 습관 회로 때문입니다.

찰스 두히그는 이렇게 말합니다.

"어떤 시점에는 의식적으로 결정하지만, 얼마 후에는 생각조차 하지 않으면서도 거의 매일 반복하는 선택, 이것이 습관이다."

우리의 말도 마찬가지입니다. 처음에는 의식적인 선택이었겠지만, 특정한 말을 반복하다 보면 그 말이 어느새 자동적으로 튀어나오고, 결국 나 자신의 인격이 되는 것이죠.

여기에 심리학의 '자기 충족적 예언'이 더해지면 말의 힘은 더욱 강력해집니다. 미국 사회학자 로버트 머튼이 제시한 이 개념은 우리가 믿고 말하는 것이 결국 현실이 된다는 원리입니다. "나는 할 수 있어"라고 말하면 뇌는 가능성을 찾기 시작하고, "나는 안 돼"라고 말하면 뇌는 불가능의 증거를 찾습니다. 말이 생각을 지배하고, 생각이 현실을 만드는 것입니다.

말 습관이 인생을 빚어낸다는 것을 깨달았다면, 이제 우리는 어떻게 해야 할까요? 다음은 습관 루프 이론과 신경 가소성 원리를 바탕으로 제안하는 구체적인 방법입니다.

첫째, 나의 말 습관 신호를 파악하라

습관을 바꾸려면 먼저 '신호'를 찾아야 합니다. 언제, 어디서, 누구와 있을 때 부정적인 말이 튀어나오는지 하루 동안 기록해 보세요. '아이가 숙제를 안 할 때', '회의에서 상사가 내 의견을 묵살할 때', '남편이 늦게 들어올 때' 등 부정적인 말을 던지게 하는 구체적인 신호를 알면 그 순간을 대비할 수 있습니다.

둘째, 반복 행동을 의식적으로 바꿔라

찰스 두히그는 "신호와 보상은 그대로 두고 반복 행동만 바꾸면 된다"라고 말합니다. "왜 그렇게 했어?" 대신 "무슨 일이 있었어? 이야기해 줄래?"로, "힘들다" 대신 "오늘 배운 게 많았어"로 표현을 바꿔 보세요. 처음에는 어색하겠지만 66일만 반복하면 새로운 신경 경로가 만들어집니다.

셋째, '아직'의 힘을 활용하라

스탠퍼드대학교의 심리학자 캐럴 드웩 교수는 '아직'이라는 단어 하나가 인생을 바꿀 수 있다고 강조합니다. "나는 못해"가 아니라 "나는 아직 못해"라고 말하는 순간, 뇌는 가능성을 열어 두고 도전할 동기를 얻습니다. 이 작은 말의 차이가 성장 마인드셋을 만들고 평생의 성취를 결정합니다.

넷째, 아침 첫 문장을 긍정 선언으로 시작하라

아침에 눈을 뜨면 거울을 보며 "오늘도 감사해요", "나는 오늘 최고의 하루를 보낼 거예요"라고 소리 내어 말해 보세요. 이 긍정 언어는 하루의 정서를 세팅하는 강력한 도구입니다. 출근 준비를 하면서도 "나는 할 수 있다"처럼 원하는 미래를 현재형으로 선언하세요.

다섯째, 금지어 목록을 만들어 즉시 대체하라

"안 돼", "불가능해", "나는 못해" 같은 극단적이고 부정적인 말들을 의식적으로 피하세요. 대신 "어렵지만 방법을 찾아볼 게", "이번에는 안 됐지만 다음에는 다르게 해 볼게"처럼 가능 성을 열어 두는 말로 바꿔 보세요. 습관처럼 나오는 "짜증 나", "힘들어" 대신 "도전적인 상황이야", "잠시 멈춰 생각하자"로 대 체해 표현하세요.

오늘 하루 내가 가장 많이 한 말은 무엇인가요? 그 말이 10년 후 나의 인생을 만든다는 사실을 꼭 기억하세요. 미영 씨는 딸 에게 "안 돼"라고 말하는 대신 "이렇게 하면 어떨까?"라고 말하 는 것을 66일간 연습한 결과, 이제는 자동으로 긍정적인 말이 나온다고 합니다. 정훈 씨는 "힘들다" 대신 "도전적인 상황이 다"라는 말을 100일간 반복했고, 6개월 후 팀장으로 승진했습 니다.

지금 이 순간부터 의식적으로 긍정의 말을 선택하고, 최소 66일간 반복하세요. 당신의 뇌는 새로운 신경 경로를 만들 것 이고, 그 경로는 당신의 인생을 완전히 바꿔 놓을 테니까요. 습관은 곧 운명입니다. 말 습관을 바꾸면 인생이 바뀝니다.

두루뭉술하면 푸대접받고
구체적이면 대접받는다

"사람을 존경받게 만드는 것은 지위가 아니라 품행이다."

- 이솝(고대 그리스 우화 작가)

"○○은 정말 좋은 사람이에요."

우리는 이 한마디를 듣기 위해 그동안 얼마나 많은 노력을 해 왔나요? 상대방에게 상처 주지 않으려 조심하고, 부드럽게 미소 지으며, 싫어도 "네, 알겠습니다"라는 말을 반복해 왔습니다. 그렇게 주변의 호감을 얻는 데는 성공했지만, 문득 이런 공허한 생각이 들 때가 있습니다.

'나는 왜 중요한 순간에 신뢰받지 못할까?'

'왜 사람들은 나를 편하게만 생각하고 존중해 주지는 않을까?'

호감은 관계의 문을 여는 열쇠지만, 품격은 그 관계를 깊고 단단하게 만드는 뿌리입니다. 호감이 '좋아 보이는 사람'을 만든다면, 품격은 '존경받는 사람'을 완성합니다. 이제 우리는 단순히 착한 사람으로 인정받는 것을 넘어, 언어의 깊이를 더해 삶의 품격을 세워야 합니다.

은정 씨는 동네에서 '천사 같은 사람'으로 통했습니다. 누가 무리한 부탁을 해도 "괜찮아요, 제가 할게요"라며 온갖 일들을 떠안았고, 불편한 상황에서도 "이렇든 저렇든 전 다 좋아요"라며 웃어넘겼습니다. 그런 은정 씨를 주변 사람 모두가 좋아했고 칭찬했습니다. 하지만 정작 중요한 일이 생기면 아무도 그녀의 의견을 묻지 않았습니다.

은정 씨의 태도를 바뀌게 한 결정적 사건은 아파트 부녀회장 선거였습니다. 은정 씨는 지난 3년간 아파트 내의 궂은일을 도맡아 했던 자신이 당연히 회장으로 뽑히리라고 생각했습니다. 하지만 결과는 예상과 달랐습니다. 평소 "죄송하지만 제 생각은 조금 다릅니다. 이 부분은 원칙대로 해야 합니다"라고 늘 자기 생각을 또렷이 말하던 이웃 주민이 당선됐죠.

은정 씨는 이 일로 큰 충격을 받았습니다. 그제야 사람들은 그저 착한 사람보다, 자신만의 원칙과 기준을 품격 있게 말할 줄 아는 사람을 리더로 선택한다는 사실을 깨달았습니다.

그날 이후 은정 씨는 말 한마디부터 변화를 주었습니다. 이를테면 무리한 부탁에는 "고민해 봤는데 이번엔 어렵겠습니다. 다음 기회에 꼭 돕고 싶습니다"라고 정중하지만 단호하게 말하기 시작했습니다. 놀랍게도 때때로 거절하는 모습을 보이자 사람들은 그녀를 더 존중하기 시작했습니다.

중견기업 영업팀 차장 민수 씨는 15년간 성실하게 일해 온 베테랑입니다. 그는 부장 승진 면접에서 자신의 성과를 설명하며 겸손해 보이려고 이렇게 말했습니다.

"뭐, 그냥 열심히 했을 뿐입니다. 운도 좋았고요. 사실 팀원들이 다 해 줬죠."

하지만 면접관들의 반응은 차갑게 식었고, 민수 씨는 결국 승진 명단에서 누락됐습니다. 며칠 후 인사팀장이 조심스럽게 피드백을 전했습니다.

"민수 차장님 실력은 사내에서 두루 인정받고 있어요. 그런데 말투에서 리더의 무게감이 느껴지지 않는다는 평이 많았습니다. 부장은 팀을 이끌어야 하는데, 스스로 가치를 낮추는 표현을 곧잘 쓰시니 신뢰가 가지 않는다는 거죠."

민수 씨는 뼈아픈 후회를 했습니다. 자신의 15년 커리어가 가벼운 말투 하나로 평가 절하된 셈이니까요. 그는 뒤늦게 깨달았습니다. 능력만큼이나 그 능력을 표현하는 언어의 품격이 중요하다는 것을요.

호감 가는 사람을 넘어 귀한 사람이 되는 법

왜 은정 씨의 착한 말투는 존중받지 못했고, 민수 씨의 겸손한 말투는 무능하게 들렸을까요? 품격 있는 언어는 도대체 어떤 힘을 가지고 있을까요? 이에 대한 해답은 하버드대학교 사회심리학 교수 로버트 로젠탈의 유명한 연구에서 찾을 수 있습니다.

1968년 로젠탈 교수는 샌프란시스코의 한 초등학교에서 놀라운 실험을 진행했습니다. 전교생을 대상으로 지능 검사를 실시한 뒤, 검사 결과와는 전혀 상관없이 무작위로 20퍼센트의 학생을 선발했습니다. 그리고 담임 교사들에게 거짓 정보를 흘렸습니다.

"이 학생들은 앞으로 놀라운 지적 성장을 보일 잠재력을 가진 아이들입니다."

8개월 후 다시 검사를 실시했고 그 결과는 충격적이었습니다. 무작위로 선발됐을 뿐인 그 학생들의 성적이 실제로 다른 학생들보다 유의미하게 높아진 것입니다. 연구진이 원인을 분석해 보니 교사들이 그 학생들을 대하는 '언어의 태도'에서 답을 찾을 수 있었습니다.

교사들은 잠재력이 높다고 믿었던 아이들과 더 정중하고 품격 있는 언어로 대화했습니다. "그냥 해"라고 지시하는 대신 존중과 기대가 담긴 표현을 사용했던 것이죠.

"네가 충분히 해낼 수 있을 거라 믿어."
"이 부분에서 네 생각이 정말 빛나는구나."

특히 주목할 점은 학생들이 직접적인 칭찬보다 언어의 품격 차이에 더욱 민감하게 반응했다는 사실입니다. 품격 있는 언어에는 '당신은 가치 있는 사람'이라는 메시지가 내포되어 있고,

이것이 아이들의 자존감과 성취도를 높였습니다. 이를 심리학에서는 '피그말리온 효과'라고 부릅니다.

이 용어는 그리스 신화에서 유래했습니다. 조각가 피그말리온이 자신이 조각한 여인상을 너무나 사랑한 나머지, 그 조각상이 진짜 사람이 되기를 간절히 소망했습니다. 그의 진심 어린 믿음과 사랑에 감동한 여신 아프로디테가 조각상에 생명을 불어넣어 주었고, 피그말리온은 살아난 여인과 결혼해 행복하게 살았다고 전해집니다. 이처럼 간절한 기대와 믿음이 현실을 바꾼다는 신화의 교훈이 현대 심리학에서 '기대가 성과를 만든다'는 이론으로 재탄생한 것입니다.

이 효과의 핵심은 단순히 기대를 품는다는 것이 아니라 그 기대가 '어떤 언어로' 전달되느냐에 있습니다. 로젠탈의 후속 연구에 따르면, 상대방을 대하는 언어의 수준이 높을수록 상대방의 자기 효능감 또한 상승했습니다. 품격 있는 언어는 상대방의 내면에 '나는 존중받을 만한 사람'이라는 믿음을 심어주고, 그 믿음이 실제 성과와 태도로 이어지는 선순환을 만들어 냅니다. 결국 은정 씨와 민수 씨에게 부족했던 것은 자신과 타인을 귀하게 여기는 '언어의 품격'이었습니다.

피그말리온 효과가 우리에게 주는 교훈은 명확합니다. 우리가 가족, 동료, 이웃에게 사용하는 언어의 품격이 그들의 자존감과 우리 자신의 위치를 결정한다는 것입니다. 다음은 호감을 넘어 품격으로 나아가기 위해, 지금 당장 실천할 수 있는 세 가지 언어 습관입니다.

첫째, 거절의 품격: 'No'를 가치로 포장하라

무조건적인 "네"는 당신을 가벼운 사람으로 만듭니다. 거절할 때는 미안함만 내비치지 말고, 거절의 이유를 당신의 '가치관'이나 '상황'에 두세요.

"죄송해요, 제가 지금 그 일을 못 해요."

→ "제안은 감사합니다만, 현재 맡은 일의 완성도를 높이는 데 집중하고 있어서 추가 업무는 어렵습니다."

이러한 표현은 당신이 무능해서가 아니라 책임감이 강해서 거절한다는 인상을 줍니다.

둘째, 칭찬의 깊이: '결과'가 아닌 '관찰한 가치'를 말하라

"잘했어", "대단해" 같은 표면적인 칭찬은 누구나 할 수 있습니다. 상대방이 미처 발견하지 못한 장점이나 그 이면의 노력을 읽어 내어 말해 주세요.

"김 대리, 일 잘하네."

→ "김 대리는 복잡한 상황에서도 핵심을 놓치지 않는 침착함이 돋보입니다. 그 점이 우리 팀에 큰 안정감을 줍니다."

상대방을 꿰뚫어 보는 통찰력 있는 칭찬은 당신의 품격을 높여 줍니다.

셋째, 책임의 언어: 주어를 '나'로 가져오라

품격 있는 사람은 상황 탓이나 남 탓을 하지 않습니다. 자신의 선택임을 명확히 하고 책임을 질 때, 오히려 리더십과 신뢰가 생겨납니다.

"차가 막혀서 늦었어요."

→ "제가 시간 계산을 넉넉히 하지 못해 늦었습니다. 죄송합니다."

변명 대신 깔끔하게 인정하는 모습에서 사람들은 더 큰 신뢰를 느낍니다.

호감은 사람들을 끌어당기는 자석이지만, 품격은 사람들을 머물게 하는 중력입니다. 호감은 쉽게 얻을 수 있지만, 품격은 언어의 깊이를 다듬어야만 완성됩니다.

　이제 '좋은 사람'이라는 평판에 만족하지 마세요. 따뜻한 배려 속에 단단한 원칙을 담아내는 언어로, 누구에게나 존중받는 '품격 있는 사람'이 되세요. 당신이 사용하는 언어의 깊이가 깊어질 때, 당신이 맺는 관계도 함께 깊어질 것입니다.

2장

말투는
매 순간
선택이다

0.5초 멈춤부터 표현의 디테일까지

01

설득하고 싶을수록
상대방에게 선택권을 줘라

"확신만큼 확실하게 우리를 착각에 빠뜨리는 것은 없다."

- 미셸 드 몽테뉴(프랑스 철학자)

"그건 절대 안 됩니다."

"무조건 제 말대로 하세요."

"틀렸어. 정답은 이거야."

나이가 들고 경험이 쌓일수록, 우리는 자신도 모르게 '정답'이라며 확신합니다. 중년이 되면 조직에서는 리더의 위치에, 기혼자라면 가정에서는 대개 부모의 위치에 있다 보니, 빠르고 명확한 결정을 내려야 한다는 강박을 갖기 쉽습니다. 그래서 우리는 흔히 '단정적인 말투'를 '카리스마'라고 착각하곤 합니다.

하지만 "이게 정답이야"라고 대화의 마침표를 찍어 버리는 순간, 상대방의 입은 닫히고 마음의 문도 함께 잠깁니다. 단정적인 말투는 상대방의 선택권을 빼앗아 반발심을 불러일으키기 십상입니다. '하지 말라고 하면 더 하고 싶어지는' 청개구리 심리는 단순한 고집이 아니라 인간의 본능적인 심리 반응입니다.

진정으로 호감을 주고 사람의 마음을 움직이는 어른의 언어는 '마침표'가 아니라 '물음표'에 가깝습니다. "그럴 수도 있겠네요. 그런데 이런 방법은 어떨까요?"라며 여지를 남겨 두는 사람에게서 우리는 여유와 품격을 느낍니다.

워킹맘 미경 씨는 퇴근 후 고등학생 딸과 매일 전쟁을 치렀습니다. 딸이 밤늦게까지 스마트폰을 하거나 성적이 떨어지면 늘 단정적으로 말하기 일쑤였습니다.

"당장 핸드폰 끄고 빨리 잠이나 자!"
"이 점수로는 절대 안 돼. 무조건 학원 더 다녀!"

남편에게도 마찬가지였습니다. 남편이 뭘 하든 늘 단정적으로 판단을 내리곤 했죠.

"당신은 항상 설거지를 대충 해."
"화장실 청소 좀 깨끗이 할 수 없어? 바빠 죽겠는데 오히려 일을 더 만들고 있어."

하지만 딸과 남편은 미경 씨의 요구에 늘 정반대로 반응했습니다. 딸은 스마트폰을 더 오래 하고, 학원은 가기 싫다며 반항했습니다. 남편도 아예 설거지나 화장실 청소를 하지 않거나 더욱 소극적으로 행동했습니다.

이래서는 도저히 안 되겠다는 생각에 미경 씨는 우선 자신의 말투를 바꿔 보기로 결심했습니다. "스마트폰 당장 꺼!" 대신 "엄마는 네 건강이 걱정되는데, 너는 어떻게 생각해? 스마트폰 시간을 조금 줄여 보는 건 어떨까?"라고 물었습니다. "무조건 학원 다녀!" 대신 "성적을 올리려면 어떤 방법이 좋을 것 같아?"라고 질문했습니다.

남편에게도 설거지나 화장실 청소를 왜 대충 하냐고 타박하는 대신 "당신이 집안일을 함께 해 준 덕분에 내가 한결 수월해졌어. 대신 설거지와 화장실 청소를 마치면 물기가 남지 않게 할 좋은 방법이 없을까?"라고 다정하게 이야기했습니다.

그러자 3개월 후, 믿기지 않는 변화가 일어났습니다. 딸은 스스로 스마트폰 사용 시간을 정하고 공부 계획을 세우기 시작했습니다. 남편도 웃으며 기꺼운 기분으로 설거지와 화장실 청소를 했습니다. 그제야 미경 씨는 그동안 가족들이 자신의 명령 자체를 거부한 것이 아니라 자신의 선택권을 빼앗기는 상황을 거부했다는 것을 이해했습니다.

15년 차 베테랑 영업부장 경민 씨는 팀원들에게 항상 단정적으로 지시했습니다.

"이 방법은 절대 안 돼."
"무조건 A안으로 가야 해. 내 말에 토 달지 마."

그의 경험상 확신에 차서 한 말이었지만, 언제부터인가 팀원들은 회의 시간에 입을 다물었고 창의적인 아이디어는 내놓지 않았습니다. 하지만 리더십 교육 후, 경민 씨는 자신의 방식이 잘못됐음을 이해하고, 단정적으로 말하는 대신 여지를 남기기 시작했습니다. "절대 안 돼" 대신 "아, 김 대리는 그렇게 생각하는군요. 그 관점도 흥미롭네요. 혹시 이런 리스크에 대해서는 어떻게 생각해요? 우리 같이 고민해 볼까요?"라고 물었습니다.

반년 후, 팀 분위기가 완전히 달라졌습니다. 팀원들은 적극적으로 의견을 내놓기 시작했고, 경민 씨가 미처 생각하지 못한 창의적인 해결책들이 쏟아졌습니다. 팀 실적은 40퍼센트나 상승했습니다. 마침내 경민 씨는 리더의 역할은 정답을 명령하는 것이 아니라 팀원들이 스스로 답을 찾도록 돕는 것임을 체감했습니다.

통제당하고 싶지 않은 인간의 본능

왜 사람들은 옳은 말이라도 단정적으로 표현하면 거부감을 느낄까요? 1966년 미국 심리학자 잭 브렘 교수가 발표한 '심리적 반발 이론'을 통해 그 이유를 알 수 있습니다.

브렘 교수는 듀크대학교에서 흥미로운 실험을 진행했습니다. 그는 학생들에게 네 종류의 음악 레코드를 들려주고 호감도를 평가하게 한 뒤, 원하는 레코드를 한 장 준다고 약속했습니다. 이튿날 다시 같은 곡을 평가하게 했는데, 이때 한 그룹에만 "레코드 회사 사정으로 A 레코드는 선택할 수 없습니다"라고 통보했습니다.

실험 결과는 놀라웠습니다. 선택이 금지된 그룹은 두 번째 평가에서 A 레코드의 호감도를 훨씬 높게 평가했습니다. 선택

의 자유를 제한당하자, 학생들은 오히려 그 레코드를 더 갖고
싶어 한 것입니다.

브렘 교수는 이 현상을 '심리적 반발 이론'으로 체계화했습니다. 인간은 누구나 '선택의 자유'를 중요한 권리로 인식합니다. 그런데 누군가 이 자유를 위협하거나 제한하려 들면, 우리 뇌는 즉각적으로 '반발'이라는 불쾌한 심리적 각성 상태에 빠집니다. 그리고 선택의 자유를 되찾기 위한 동기가 강력하게 유발됩니다.

"이건 이래야 해", "그건 절대 안 돼"와 같은 단정적인 말은 상대방의 선택권을 완전히 차단합니다. 상대방은 그 순간 자신의 자유가 침해당했다고 느끼고, 본능적으로 반발합니다. 심지어 원래 자신이 의지를 갖고 하려던 일도 명령을 받는 순간 하기 싫어집니다. 이것이 바로 '청개구리 심보'의 과학적 실체입니다.

그러므로 사람의 마음을 움직이고 싶다면, 명령하지 말고 선택권을 주어야 합니다. 미경 씨가 딸과 남편에게 단정적으로 말했을 때 가족들의 뇌는 '반발'을 일으켰지만, 여지를 남기며 말하자 두 사람은 '선택의 자유'를 느끼고 스스로 어떻게 행동할지 결정했습니다. 경민 씨의 팀원들도 선택권을 존중받자 적극적으로 변했습니다.

내 주관을 뚜렷하게 가지되, 그것을 부드럽게 표현하는 방식 세 가지를 소개합니다.

첫째, '마침표'를 '청유형 물음표'로 바꿔라

단정적인 평서문이나 명령문은 대화의 벽을 세우지만, 의문문은 대화의 문을 열어 줍니다. 내 마음속에서는 결론을 내렸더라도, 말끝은 상대방에게 공을 넘기며 마무리하세요.

"이게 최선입니다." (단정)
→ "이 방법이 최선일 것 같은데, 어떻게 생각하세요?" (여지)

"이번 주말엔 본가에 가자." (통보)
→ "이번 주말에 부모님 뵙고 오는 건 어떨까?" (제안)

질문 형식을 취하면 상대방은 '강요받았다'는 느낌 대신 '참여하고 있다'는 느낌을 받습니다.

둘째, 선택지를 제시하며 '그렇군요, 그리고' 화법을 써라

선택권을 완전히 열어 주는 것이 부담스럽다면, 두세 가지 선택지를 제시해 보세요. 상대방의 의견에 반대해야 할 때는

"그렇긴 한데…" 대신 "그렇군요, 그리고 거기에 이 점을 더하면 어떨까요?"라고 말해 보세요.

　"너 학원 가야 해." (강요)
　→ "학원을 갈래, 아니면 인터넷 강의를 들어 볼래? 둘 중 뭐가 나을 것 같아?" (제안)

　"김 대리 말도 일리가 있어. 하지만 예산이 부족해." (거절)
　→ "김 대리 말도 일리가 있어. 그리고 거기에 예산 문제까지 해결된다면 금상첨화겠는데?" (확장)

　상대방을 부정하지 않으면서도 현실적인 문제를 짚어 주는 이 화법은, 상대방의 체면을 세워 주면서도 당신의 뜻을 관철시키는 고단수의 지혜입니다.

셋째, '나'를 주어로 하는 유보 표현을 써라
　"그건 틀렸어"라고 자신의 생각을 객관적 사실인 양 말하지 마세요. 대신 주어를 '나'로 바꿔 '나의 의견'임을 명시하고, "~것 같다", "~해 보면"처럼 부드러운 유보 표현을 사용해 보세요.

"그건 말도 안 되는 소리야." (공격)

→ "내 생각에는 현실적으로 어려울 것 같아." (의견)

"당신은 그게 문제야." (비난)

→ "나는 당신의 그런 행동이 조금 아쉽게 느껴져." (감정)

세상에 100퍼센트 확실한 정답은 없습니다. 내가 틀릴 수도 있다는 작은 가능성을 열어 둘 때, 오히려 당신의 말에 무게가 실립니다. 꽉 쥔 주먹으로는 악수할 수 없듯이, 단정적인 말투로는 사람의 마음을 잡을 수 없습니다. 오늘부터 말끝에 작은 여백을 남겨 보세요. "당신 생각은 어때요?" 이 짧은 한마디가 당신을 독단적인 꼰대가 아닌, 지혜로운 어른으로 만들어 줄 것입니다.

상대방을 성장시키고 싶다면
과정을 칭찬하라

"좋은 칭찬 한마디면 두 달을 견딜 수 있다."

- 마크 트웨인(미국 작가)

"잘했어."

"수고했어."

"대단하네."

우리는 상대방을 격려하고 싶어서, 혹은 좋은 분위기를 만들고 싶어서 이런 칭찬을 건넵니다. 하지만 정작 칭찬을 들은 상대방의 반응이 시큰둥하거나 어색한 미소로 끝나는 경우를 종종 봅니다. 도대체 왜 그럴까요?

바로 '영혼 없는 칭찬'이기 때문입니다. 습관처럼 던지는 "대단해"라는 말은 얼핏 듣기에는 달콤하지만, 상대방에게 '그냥 기분 좋으라고 빈말을 하는구나'라는 인상을 심어 줍니다. 알맹이가 없는 칭찬은 상대방의 마음에 닿지 못하고 허공으로 흩어지며, 오히려 신뢰를 떨어뜨리는 역효과를 낳습니다.

사람의 마음을 움직이는 칭찬은 '고해상도'여야 합니다. 뭉뚱그려 "당신 정말 최고야"라고 하는 대신, "네가 주말에도 자료를 찾아본 그 끈기와 노력이 정말 돋보였어"라고 말할 때, 상대방은 비로소 자신의 존재와 수고를 인정받았다고 느낍니다.

고해상도 칭찬이 고래를 춤추게 한다

초등학생 아들을 둔 상민 씨는 아이의 자존감을 높여 주기 위해 늘 "우리 아들은 천재야!", "머리가 진짜 좋아!"라는 칭찬을 아끼지 않았습니다. 하지만 시간이 갈수록 아이는 이상하게 변해 갔습니다. 이를테면 실패가 두려워 어려운 문제는 거들떠보지도 않고, 쉬운 문제만 골라 풀려고 했습니다. '똑똑하다'는 칭찬이 아이에게 '실패하면 안 된다'는 압박감으로 작용했던 것입니다.

이런 상황에 문제의식을 느낀 상민 씨는 칭찬 방식을 바꿨습니다. 결과가 아닌 과정을 칭찬하기 시작했죠.

"포기하지 않고 세 가지 방법으로 풀어 본 네 끈기가 정말 멋져!"

그러자 아이의 눈빛과 태도가 점차 변했습니다. 설령 답을 맞히는 데는 실패해도 자신의 노력은 인정받는다는 안도감에 다시 어려운 문제에 도전하기 시작했습니다.

광고 회사 기획팀에서 AE로 일하는 미지 씨는 팀원들이 성과를 올려도 늘 "수고했어"라는 말만 연발했습니다. 자연스레 팀원들에게 인기가 없었죠. 팀원들은 그를 '영혼 없는 상사'라고 생각했습니다. 아무리 애써 좋은 결과를 얻어도 상사가 자신의 노력을 제대로 봐 주지 않는다고 느꼈기 때문입니다.
점차 팀원들의 사기와 성과가 떨어지는 모습에 미지 씨는 자신의 피드백에 문제가 있음을 파악했습니다. 이윽고 팀원이 올린 보고서를 꼼꼼히 읽은 뒤 이렇게 말했습니다.

"김 대리, 이번 경쟁사 분석 데이터가 아주 탄탄해서 보고서의 설득력이 확 높아졌네요. 주간 회의 날짜에 맞추느라 주말까지 반납하고 고생 많았죠?"

자신의 숨은 노력을 구체적으로 짚어 주는 미지 씨의 말에 팀원들의 눈빛은 다시 활기를 띠기 시작했습니다. 구체적인 인정이 업무 몰입도를 높이는 결정적인 계기가 된 것입니다.

왜 어떤 칭찬은 독이 되고, 어떤 칭찬은 약이 될까요? 스탠퍼드대학교 심리학자 캐럴 드웩 교수의 연구는 칭찬의 방식이 아이들의 미래를 바꾼다는 사실을 증명했습니다.

연구팀이 아이들에게 "너 참 똑똑하구나(능력 칭찬)"라고 말했을 때, 아이들은 자신의 똑똑함을 증명하기 위해 쉬운 문제만 골라 풀었습니다. 만약 문제 풀기에 실패하면 자신의 능력이 부족하다는 것이 드러나기 때문입니다. 반면에 "너 정말 열심히 노력했구나(노력 칭찬)"라는 말을 들은 아이들은 어려운 문제에 기꺼이 도전했습니다.

이 연구는 '재능이나 결과에 대한 칭찬'은 사람을 평가에 예민하게 만들고 도전을 피하게 하는 '고정 마인드셋'에 가둔다는 것을 보여 줍니다. 하지만 '노력과 과정에 대한 칭찬'은 어려움을 극복하고 성장하려는 '성장 마인드셋'을 심어 줍니다. 어쩌면 우리가 무심코 던진 "머리 좋네"라는 말이 상대방의 성장을 막고 있을지도 모릅니다.

상대방의 마음을 움직이고 행동을 변화시키는 칭찬은 세심한 '관찰'에서 시작됩니다. 막연한 칭찬을 멈추고, 상대방의 노력을 구체적으로 인정하는 '고해상도 칭찬' 방법을 실천해 보세요. 나의 진심도 상대방에게 더 가까이 닿을 것입니다.

첫째, 'B-E-I 공식'을 활용하라

칭찬을 할 때는 형용사부터 떠올리지 말고, 행동(Behavior), 근거(Evidence), 영향(Impact)을 담아 구체적으로 말하세요.

"보고서 잘 썼어요."

→ "보고서에서 불필요한 그래프를 뺀(B) 덕분에 가독성이 훨씬 높아져서(E), 경영진의 의사결정이 빨라졌어요(I)."

이렇게 말하면 상대방은 '이 사람이 나를 정말 관심 있게 지켜봤구나'라고 느끼며 당신을 신뢰하게 됩니다.

둘째, 결과보다 '과정'을 칭찬하라

눈에 보이는 화려한 성과 뒤에 숨겨진 땀방울을 언급해 주세요. "100점 맞았네!"보다 "오답 노트로 정리하며 다시 푼 그 과정이 정말 훌륭했어"라고 말해 주세요. 결과는 운이 따를 수도 있지만, 과정은 오롯이 그 사람의 의지와 노력입니다. 과정을 칭찬받으면 사람은 자신의 존재 가치를 확인받습니다.

셋째, '하루 한 문장' 습관을 들여라

거창할 필요는 없습니다. 하루에 딱 한 명에게, 구체적인 한 문장으로 칭찬해 보세요. 칭찬은 연습할수록 느는 기술입니다.

가정에서 배우자에게 "오늘 당신이 먼저 청소해 줘서 내 아침 시간이 훨씬 여유로웠어. 고마워"라고 말해 보세요. 직장 동료에게 "회의 전에 자료를 미리 공유해 줘서 준비하기가 정말 편했어요"라고 말해 보세요. 이 작은 습관이 쌓이면, 당신은 어느새 주변 사람들에게 '나를 알아주는 사람', '함께하고 싶은 사람'으로 기억될 것입니다.

칭찬은 말로 주는 보너스가 아니라 '관심의 증명'입니다. 오늘 내 곁에 있는 사람에게 습관적인 "그냥 잘했어"라는 말 대신, 잠시 멈춰 서서 "네가 애써 준 그 부분이 참 고마워"라고 말해 주세요. 그 구체적인 마음이 상대방을 춤추게 할 것입니다.

고맙거나 미안할 때는
누구에게, 무엇을, 왜

"표현되지 않은 감사는 포장하지 않은 선물과 같다."

- 윌리엄 아서 워드(미국 작가)

"고마워요", "미안해요"는 우리가 하루에도 수십 번씩 하는 말이지만 자세히 들여다보면 그 실체가 막연합니다. 무엇이 고마운지 말하지 않고, 무엇이 미안한지 구체적으로 짚지 않아서죠. 자동 응답기처럼 반사적으로 나오는 이런 표현은 진심이 느껴지지 않습니다.

상대방의 마음에 가닿는 진짜 감사와 사과를 하려면 디테일을 갖춰야 합니다. '무엇이 고마웠는지', '어떤 점이 미안했는지'를 명확하게 말해야 합니다.

수진 씨는 남편이 설거지를 하면 "고마워", 아들이 동생을 잘 챙기면 "착하다"라고 습관적으로 말했습니다. 그녀의 칭찬에 가족들은 별다른 반응을 보이지 않았습니다. 가족들의 뜨뜻미지근한 반응이 서운했던 수진 씨는 감사함을 표현하는 방식을 바꿨습니다.

"여보, 오늘 삼겹살을 구워 먹어서 기름기 많은 프라이팬까지 깨끗이 씻어 줘서 고마워. 덕분에 내일 아침 준비할 때 훨씬 수월하겠어."

"오늘 저녁에 네가 동생 숙제 봐주는 거 봤어. 특히 동생이 이해 못한 부분을 세 번이나 설명해 주더라. 네 인내심이 정말 대단해."

이렇게 칭찬을 구체적으로 하니 이후 남편은 설거지를 더 자주 했고, 아들은 동생을 더 적극적으로 챙겼습니다.

식품 회사 상품 개발팀에서 일하는 재훈 씨는 15년 차 부장입니다. 그는 일을 하다가 실수하면 그저 "미안합니다", "죄송합니다"라고 딱 한마디만 했습니다. 그런 그를 두고 예의가 없다는 뒷말이 돌았습니다. 그 모습을 보다 못한 가까운 후배가 재훈 씨에게 조심스럽게 말했습니다.

"부장님이 사과하실 때 진심이신지 형식적으로 하시는 말씀이신지 통 모르겠어요. 다들 불만이 많아요."

자신은 전혀 인지하지 못했던 사실에 재훈 씨는 그날부로 당장 사과 방식을 바꿨습니다.

"제가 10분 늦어서 여러분의 시간을 빼앗았습니다. 특히 박 대리님은 다음 미팅이 있다고 들었는데, 저 때문에 준비 시간이 줄었을 것 같아 정말 미안합니다. 다음부터는 알람을 두 개 맞춰서 회의에 절대 늦지 않겠습니다."

시간이 흐른 뒤 팀원과 동료들은 재훈 씨의 사과를 진심으로 받아들였습니다.

감사 심리학의 창시자가 알려 주는 표현법

왜 어떤 감사 표현은 사람의 마음을 움직이고, 어떤 감사 표현은 공허하게 느껴질까요? 캘리포니아대학교 데이비스 캠퍼

스의 로버트 에먼스 교수는 20년 이상 감사를 연구해 '감사 심리학'의 창시자로 알려졌습니다. 에먼스 교수의 이름을 널리 알린 것은 2003년 마이애미대학교의 마이클 맥컬러프 교수와 함께 진행한 실험입니다.

연구팀은 대학생들을 세 그룹으로 나눴습니다. 첫 번째 그룹은 10주 동안 매주 '감사 일기'를 썼습니다. 일주일 동안 감사한 일 다섯 가지를 구체적으로 적는 것이었죠. '친구가 점심을 사 줘서 고마웠다'가 아니라 '친구 민수가 내가 지갑을 안 가져온 걸 알고 김치찌개를 사 줘서 고마웠다. 덕분에 배고파하지 않고 오후 수업에 집중할 수 있었다'처럼 구체적으로 적어야 했습니다.

10주 후 결과는 놀라웠습니다. 감사 일기를 쓴 그룹은 다른 그룹에 비해 행복감이 25퍼센트 증가했고, 우울감은 20퍼센트 감소했습니다. 더욱 주목할 결과는 신체 건강도 좋아졌다는 점입니다. 감사 일기를 쓴 그룹은 운동 시간이 평균적으로 주당 1.5시간 증가했고, 수면의 질도 개선됐습니다.

에먼스 교수는 '감사의 구성 요소'로 '인식, 인정, 감사' 세 가지를 제시했습니다. 인식은 좋은 일이 일어났음을 알아차리는 것입니다. 인정은 좋은 일이 타인의 행동 덕분이라는 것을 수용하는 것입니다. 감사는 그 행동의 가치를 깊이 느끼는 것이고요. "고마워요"라는 막연한 표현에는 이 세 요소가 모두 빠져 있습니다. 다음은 감사의 구성 요소가 모두 들어간 표현의 예시입니다.

"어제 늦게까지 기다려 줘서 고마워(인식). 네가 기다려 준 덕분에(인정) 내가 프레젠테이션을 무사히 마칠 수 있었어. 네 배려가 정말 큰 힘이 됐어(감사)."

수진 씨의 "기름기 많은 프라이팬까지 깨끗이 씻어 줘서 고마워. 덕분에 내일 아침 준비할 때 훨씬 수월하겠어"라는 말은 남편에게 자신의 행동이 구체적으로 어떤 도움이 됐는지 알려 줬습니다. 재훈 씨의 "제가 10분 늦어서 여러분의 시간을 빼앗 았습니다. 특히 박 대리님은 다음 미팅 준비 시간이 줄었을 것 같아 정말 미안합니다"라는 사과는 무엇을 잘못했는지 정확히 알고 있음을 보여 줬기에 팀원들에게 진심으로 받아들여졌습니다.

다음은 구체적으로 감사와 사과를 표현하는 세 가지 방법입니다.

첫째, '행동-영향-감정' 공식으로 표현하라

감사와 사과를 할 때 '행동-영향-감정'을 반드시 넣어 보세요. 어떤 구체적인 행동이 있었는지(행동), 그 행동이 나에게 어떤 영향을 미쳤는지(영향), 그로 인해 내가 느낀 감정은 무엇인지(감정)를 꼭 명시하세요.

"고마워."

→ "오늘 아침 일찍 일어나서 당신이 아이들 도시락까지 챙겨 준 덕분에(행동) 나도 여유 있게 출근할 수 있었어(영향). 정말 고마워(감정)."

"미안해."

→ "내가 약속 시간에 20분 늦어서(행동) 네가 추운 데서 기다렸어(영향). 정말 미안해(감정)."

둘째, '숨은 의도와 희생'을 읽어라

결과뿐만 아니라 그 결과를 만들기 위해 상대방이 썼을 마음과 시간, 포기한 기회비용을 언급해 주세요.

"당신도 퇴근하고 피곤해서 쉬고 싶었을 텐데, 가족들 건강을 생각해서 이렇게 과일까지 챙겨 주니 참 고마워."

"팀장님이 이번 프로젝트에 거신 기대가 크셨을 텐데, 저의 부주의로 심려를 끼쳐 드려 송구합니다."

셋째, '감사 일기 21일 챌린지'에 도전하라

에먼스 교수의 연구처럼, 21일 동안 매일 감사한 일 세 가지를 구체적으로 적어 보세요. 이때 반드시 '누가, 무엇을, 왜'를 포함해야 합니다. '남편이 저녁 8시에 기름기 많은 프라이팬까지 깨끗이 씻어 줘서 고마웠다. 덕분에 나는 아이들 숙제를 봐줄 수 있었다'처럼 감사한 내용을 구체적으로 적는 것입니다. 21일 후, 구체적으로 감사하는 것이 습관이 되면 당신의 말투와 인간관계가 더 좋은 방향으로 변해 갈 것입니다.

단순한 감탄사나 의무적인 사과가 아닌, 마음을 담은 구체적인 표현은 관계를 더욱 돈독하게 만들고 당신의 품격을 높여 줄 것입니다. 진심이 담긴 언어 습관은 당신의 일상에 긍정적인 변화를 가져올 뿐만 아니라 상대방에게 당신의 진정성을 전달하는 가장 확실한 방법입니다.

거절하고 싶을 때는
공감을 먼저 하라

"남에게 '예'라고 말할 때, 혹시 자신에게 '아니요'라고 말하고 있는 것은 아닌지 확인하라."

- 파울로 코엘료(브라질 작가)

"부탁 하나만 들어줘, 이번 한 번만. 네가 아니면 안 돼."

이런 말 앞에서 마음속으로는 '안 돼'라고 외치면서도 입 밖으로는 "그래"라고 말하기 십상입니다. 거절하면 상대방이 상처받을까 봐, 미움받을까 봐 두렵기 때문입니다. 문제는 이런 억지 승낙이 나를 지치게 만들고, 결국 관계마저 망가뜨린다는 것입니다. 거절은 상대방을 거부하는 반응이 아니라 나의 한계를 인정하고 존중하는 행위입니다. 부드러운 거절은 상대방의 마음을 다치지 않게 하면서도 나의 권리를 지킬 수 있는 기술입니다.

미숙 씨는 아파트 부녀회에서 늘 '예스맨'으로 통했습니다. 바자회 준비, 환경 미화, 행사 진행 등 모든 일에 앞장서서 "네, 제가 할게요"라고 대답하곤 했죠. 그러나 그 이면에는 사람들의 부탁을 거절하면 '이기적인 사람'으로 보일까 봐 두려운 마음이 존재했습니다. 그러다 보니 밖에서 쌓인 스트레스를 가족에게 짜증을 내며 풀게 됐고, 결국 몸까지 아플 정도였습니다. 그러던 어느 날, 부녀회장으로부터 또다시 전화가 왔습니다.

"미숙 씨, 이번 주말에 바자회 준비 좀 도와줄 수 있어요?"

미숙 씨는 용기를 내서 대답했습니다.

"회장님, 제가 이번 주말에는 가족 행사가 있어서 어려울 것 같아요. 대신 다음 주 평일에는 시간을 낼 수 있으니까, 그때 도와드려도 괜찮을까요?"

미숙 씨의 염려와 달리 부녀회장은 오히려 "괜찮아요, 다음에 부탁할게요"라고 상냥하게 말하며 전화를 끊었습니다.

보험 회사 영업팀에서 10년 차 과장으로 일하고 있는 상훈 씨는 후배들의 부탁을 언제나 잘 들어주는 사수로 유명했습니다. 사실 상훈 씨는 후배들의 부탁을 거절하면 팀 분위기가 나빠질까 봐 무리해서 후배들의 청을 들어주고 있었죠. 모든 부탁에 귀를 기울인 결과, 상훈 씨는 번아웃으로 내몰렸습니다. 야근을 해도 상훈 씨 몫의 업무는 밀리기 일쑤였고, 집에 가면 녹초가 돼 쓰러져 자기에 바빴습니다.

그러던 어느 날, 후배가 여느 때처럼 상훈 씨에게 급한 일을 부탁했습니다. 마침 상훈 씨도 내일까지 마감인 프로젝트로 정신이 없는 상황이었죠.

"과장님, 이 보고서 내일까지인데 좀 봐주실 수 있어요?"

늘 사람 좋은 표정으로 후배의 요청을 들어주던 상훈 씨는 이번엔 다르게 반응했습니다.

"김 대리, 네 상황도 이해하는데, 내 프로젝트 마감이 내일 오전이라서 오늘은 보고서를 봐주기가 어려울 것 같아. 대신 내일 오후에는 시간이 있으니까, 그때 네가 막히는 부분을 같이 보면 어떨까?"

무리한 부탁을 부드럽게 거절할 줄 알게 되자 상훈 씨의 야근은 절반으로 줄어들기 시작했습니다. 피로도가 낮아지자 상훈 씨의 업무 효율도 올라갔음은 물론입니다. 후배들 역시 상훈 씨에게 전적으로 의지하기보다 오히려 자립적으로 업무를 처리하기 시작했고요.

거절한다고 해서 나쁜 사람이 되지 않는다

왜 우리는 거절을 이토록 어려워하는 것일까요? 미국 심리학자 마누엘 스미스는 1975년 '자기주장 권리 이론'을 제시했습니다.

스미스 박사의 이론은 하나의 질문에서 시작됐습니다.

'왜 사람들은 자신이 원하지 않는 일을 하면서도 거절하지 못하는가?'

스미스 박사는 수천 명의 환자를 상담하면서 한 가지 공통점을 발견했습니다. 대부분의 사람들이 어린 시절부터 "착한 사람은 다른 사람 부탁을 거절하면 안 돼", "'안 돼'라고 말하는 것은 이기적인 거야", "거절하면 사람들이 너를 싫어할 거야"라는 메시지를 주입받으며 자랐다는 것입니다. 이런 잘못된 믿음이 성인이 되어서도 계속 작동하면서 사람들로 하여금 거절할 때마다 죄책감, 불안감, 수치심을 느끼게 만든다는 것이죠.

스미스 박사는 '10가지 자기주장 권리'를 제시했습니다.

첫째, 당신은 자신의 행동을 스스로 판단할 권리가 있다.

둘째, 당신은 변명하거나 이유를 댈 의무가 없다.

셋째, 당신은 다른 사람의 문제를 해결할 책임이 있는지 스스로 판단할 권리가 있다.

넷째, 당신은 마음을 바꿀 권리가 있다.

다섯째, 당신은 실수할 권리가 있다.

여섯째, 당신은 "모르겠다"라고 말할 권리가 있다.

일곱째, 당신은 다른 사람의 호의나 인정과 무관하게 독립적일 권리가 있다.

여덟째, 당신은 비논리적인 결정을 내릴 권리가 있다.

아홉째, 당신은 "이해하지 못하겠다"라고 말할 권리가 있다.

열째, 당신은 "관심 없다"라고 말할 권리가 있다.

스미스 박사는 이런 권리들이 이기심이 아니라고 강조했습니다. 오히려 이 권리들을 인정하고 존중할 때, 우리는 다른 사람과 더 건강하고 진실한 관계를 맺을 수 있습니다. 억지로 한 승낙은 불만과 원망으로 이어지지만, 정직한 거절은 서로의 경계를 존중하는 성숙한 관계를 만듭니다. 스미스 박사의 연구에 따르면, 자기주장 권리 훈련을 받은 사람들의 대인 관계 만족도는 평균 40퍼센트 이상 증가했습니다. 거절의 방법을 배운 사람들이 오히려 더 행복한 관계를 맺었던 것입니다.

미숙 씨와 상훈 씨의 사례는 스미스 박사의 자기주장 권리 이론을 정확히 보여 줍니다. 미숙 씨가 "이번 주말은 어렵지만 다음 주에는 도와드릴 수 있다"라고 솔직하게 말했을 때, 부녀 회장은 오히려 미숙 씨에게 더 이상의 설명을 요구하지 않고 그녀의 상황을 이해했습니다. 이것은 스미스 박사가 말한 '자신의 행동을 스스로 판단할 권리'와 '다른 사람의 문제를 해결할 책임이 있는지 스스로 판단할 권리'를 행사한 것입니다.

상훈 씨도 "지금 내 프로젝트의 마감일이 내일 오전이라서 오늘은 보고서를 봐주기가 어렵다"라고 말하면서 구구절절 긴 변명을 늘어놓지 않았습니다. 스미스 박사가 말한 '변명하거나 이유를 댈 의무가 없다는 권리'를 행사한 것입니다. 하지만 상훈 씨의 우려와 달리 후배들은 오히려 그런 상훈 씨를 더 존중하게 됐고, 팀 분위기는 더 좋아졌습니다.

단호하지만 부드럽게 거절하는 세 가지 노하우를 알려 드리겠습니다.

첫째, '공감-거절-대안'의 3단계 거절법을 발휘하라

거절할 때 '공감-거절-대안'의 세 가지 요소를 순서대로 말해 보세요. 먼저 상대방의 입장을 인정한 다음, 명확하게 "어렵다"라고 말하고, 가능하다면 다른 방안을 제시합니다.

"네 상황이 급한 건 이해해(공감). 하지만 지금 내 일정이 꽉 차 있어서 이번엔 어려울 것 같아(거절). 대신 내가 아는 다른 분을 소개해 줄 수는 있어(대안)."

둘째, '브로큰 레코드 기법'으로 같은 말을 부드럽게 반복하라

브로큰 레코드(Broken Record) 기법은 스미스 박사가 제시한 거절의 방법입니다. 상대방이 계속 압박해도 화내지 않고 동일한 거절의 말을 차분하게 반복하는 것이 핵심입니다.

상대방: "그냥 이번 한 번만 부탁해."
당신: "미안하지만 이번엔 어려워."

상대방: "네가 아니면 진짜 안 돼."

당신: "정말 미안하지만, 지금은 어려워."

셋째, '거절 연습 21일 챌린지'로 작은 일부터 거절하라

거절은 근육처럼 훈련이 필요합니다. 21일 동안 매일 작은 거절을 하나씩 연습해 보세요.

- 1주 차: 가족에게 작은 거절하기 ("오늘은 설거지 좀 쉬고 싶어.")
- 2주 차: 친구에게 부담 없는 거절하기 ("이번 모임은 참석하기 어려울 것 같아.")
- 3주 차: 직장에서 업무 거절하기 ("지금 진행 중인 일이 있어서 이번 주는 어려워.")

노트에 거절한 내용과 상대방의 반응, 그리고 내 감정을 기록해 보세요. 놀랍게도 대부분의 거절이 관계를 망가뜨리지 않았다는 사실을 발견할 것입니다. 거절은 관계를 끊는 말이 아니라 나와 상대방을 동시에 지키는 품격 있는 기술입니다.

05

모두가 즐거운 농담에는
희생양이 없다

"진정한 유머는 머리가 아니라 마음에서 나온다. 그것은 웃음이
아니라 미소를 자아낸다."

- 토머스 칼라일(영국 역사가)

　웃음은 인간관계의 윤활유입니다. 유머 감각이 있는 사람은
어디서나 환영받고, 분위기를 부드럽게 만들며, 사람들의 마
음을 쉽게 열곤 합니다. 하지만 모든 유머가 좋은 유머는 아닙
니다. 누군가의 약점을 건드리는 유머, 외모나 결점을 비웃는
유머는 웃음을 주는 것이 아니라 상처를 줍니다.

　문제는 많은 사람들이 "농담이었어", "너무 예민한 거 아니

야?"라며 상대방의 상처를 가볍게 여긴다는 것입니다. 유머라는 이름으로 타인을 깎아내리는 말은 농담이 아니라 폭력입니다. 진짜 품격 있는 유머는 타인의 약점을 건드리지 않으면서도 웃음을 만들어 내는 능력입니다. 상황을 웃기게 만들되 사람에게 상처 주지 않고, 분위기를 밝게 하되 누군가를 희생양으로 삼지 않는 것이 진정한 유머 감각입니다.

정희 씨는 가족 모임에서 늘 분위기 메이커를 자청했습니다.

"우리 애는 방 청소는 언제 할지 모르지만, 냉장고 청소는 1분 만에 끝내."

정희 씨의 이 같은 말에 친척들은 늘 웃음보를 터뜨렸죠. 그러던 어느 날, 아들이 부루퉁해진 표정으로 이렇게 말했습니다.

"엄마, 제발 부탁인데 친척들한테 나에 대해서 그런 얘기 좀 하지 마. 진짜 창피해."

생각지도 못한 아들의 반응에 정희 씨는 깜짝 놀랐습니다.

'아, 내가 웃자고 한 말이 아이에게는 상처일 수도 있겠구나.'

그날부터 정희 씨는 유머의 방향을 바꿨습니다. 상황을 웃기게 만들되 특정인을 조롱하지 않는 방식으로 말하기 시작했죠.

"우리 집 냉장고는 내가 채우는 속도보다 아이들이 비우는 속도가 더 빨라."

누군가를 콕 집어 우습게 만들지 않는 정희 씨의 달라진 화법 덕분에 가족들은 예전보다 더 편안하게 웃었습니다.

건설 회사 구매팀에서 일하는 10년 차 과장 재석 씨는 팀에서 유머 감각이 뛰어나기로 정평이 났습니다. 팀원 중 누군가가 곤란한 상황일 때면 늘 가벼운 농담을 던져 냉랭해진 분위기를 풀곤 했죠.

"김 대리, 또 지각이야? 출근길이 침대에서 현관까지인가 보네. 하하."
"박 대리, 어제 올린 보고서에 '소기의 목적'을 '고기의 목적'이라고 오타를 냈네. 보고서 쓸 때 배가 많이 고팠나 봐. 하하."

재석 씨의 능청스러운 말 한마디로 팀원들 사이에 웃음을 터지면 실수를 저지른 사람을 향한 비난의 눈빛도 어느새 사라져 버리곤 했습니다. 재석 씨는 그런 자신의 모습에 나름의 자부심도 있었습니다.

그런데 어느 날 회식 자리에서 옆자리에 앉은 후배가 재석 씨에게 귀엣말로 조심스럽게 말했습니다. 이날도 여느 때처럼 재석 씨가 속한 테이블은 그가 던지는 농담으로 웃음이 끊이질 않던 차였죠.

"과장님께서 하는 농담이 재밌긴 한데요, 가끔 좀… 마음이 쿡쿡 찔립니다."

그 순간, 재석 씨는 그동안 자신이 던진 농담들을 되돌아보았습니다.

'그러고 보니 내가 그간 특정한 한 사람을 타깃으로 한 농담만 줄곧 해 왔구나!'

그 뒤로 재석 씨는 유머의 대상을 바꿨습니다. 자신을 농담의 소재로 삼거나 상황을 웃기게 만들되, 특정인을 겨냥하지 않는 방식으로요.

"우리 팀 지각률이 높은 건 아침 회의가 너무 일찍 시작해서 그래. 사실 나도 알람을 다섯 개나 맞춰 놓고 일어난다니까. 하하."

누군가를 저격하지 않고도 상황을 유쾌하게 받아치는 재석 씨의 유머에 팀원들은 진심으로 웃기 시작했습니다.

공격적인 유머보다 친화적인 유머가 더 강하다

왜 어떤 유머는 웃음을 주고, 어떤 유머는 상처를 줄까요? 캐나다 웨스턴 온타리오대학교의 심리학자 로드 마틴 교수는 이 질문을 두고 오랫동안 고민했습니다. 그 결과, 그는 2003년 수십 년간의 유머 연구를 집대성해 '유머 스타일 척도'를 개발했습니다.

마틴 교수에 따르면, 친화적 유머는 타인을 즐겁게 하고 대인 관계를 원만하게 만드는 유머입니다. 자기 고양적 유머는 스트레스 상황에서도 긍정적인 면을 찾아내 감정을 조절하는 유머고요. 이 두 가지는 적응적이고 건강한 유머입니다.

반면에 공격적 유머는 타인을 조롱하거나 놀림감으로 삼아 웃음을 유발하는 방식입니다. 마틴 교수는 공격적 유머가 단기적으로는 웃음을 유발해 말하는 사람의 사회적 지배력을 높이는 것처럼 보이지만, 장기적으로는 인간관계의 신뢰를 무너뜨리고 정서적 단절을 초래한다고 경고합니다. 공격적 유머를 들은 사람은 겉으로는 웃고 있어도 뇌의 편도체에서는 '공격' 신호를 감지해 방어 기제를 작동시킵니다. 품격 있는 사람은 본능적으로 공격적 유머를 배제하고, 친화적 유머를 선택합니다.

정희 씨와 재석 씨의 사례는 마틴 교수가 제시한 유머 스타일 이론을 정확히 보여 줍니다. 정희 씨가 아들의 행동을 소재로 유머를 구사한 것은 전형적인 공격적 유머였습니다. 정희 씨의 공격적 유머에 친척들은 웃었지만 당사자인 아들은 상처를 받았죠. 이후 정희 씨가 상황 중심 유머로 바꾸자, 아무도 타깃이 되지 않았고 모두가 편안하게 웃을 수 있었습니다.

재석 씨도 마찬가지입니다. '김 대리의 지각', '박 대리의 오타'를 저격한 유머는 공격적 유머였습니다. 당사자들 입장에서는 자신의 약점이 공개적으로 조롱당하는 것이었기 때문이죠. 그러나 문제를 의식한 재석 씨가 자기 자신이나 보편적 상황을 농담 소재로 바꾸자 친화적 유머가 만들어졌고 팀 분위기는 더 좋아졌습니다.

품격 있게 유머 감각을 발휘하는 세 가지 방법을 알려 드리겠습니다.

첫째, '상황 유머'로 사람이 아닌 상황을 웃겨라

유머의 대상을 '사람'에서 '상황'으로 바꿔 보세요. 누군가의 행동을 조롱하는 대신 그 상황 자체를 과장하거나 재해석하는 것입니다.

"김 대리는 또 늦었네."

→ "우리 회사 출근 시간이 9시인데, 매일 아침마다 교통 정체가 8시 50분에 시작되는 건 누군가 꾸민 무슨 음모 같아."

"우리 남편은 요리를 정말 못해."

→ "우리 집 주방은 요리하는 곳이 아니라 과학 실험실이야. 매번 예상 못한 결과가 나오거든."

둘째, '자기 비하 유머'를 적극 활용하라

가장 안전한 유머의 대상은 바로 자신임을 기억하세요. 자신의 실수, 약점, 어설픈 모습을 솔직하게 드러내면 사람들은 편안하게 웃을 수 있습니다.

"제가 이번에 보고서를 검토하면서 오타를 세 개나 놓쳤지 뭐예요. 제 눈이 맞춤법 검사기보다 못한가 봐요. 하하."

"제가 왜 양쪽 양말을 다른 걸 신고 왔는지 아세요? 사실 아침에 불 끄고 옷 입는 연습을 하는 중이에요. 하하."

셋째, 농담을 던지기 전 '3초 멈춤'으로 안전성을 점검하라

농담을 던지기 전 딱 3초만 멈춰 서서 스스로에게 다음과 같이 질문해 보세요.

'이 말이 상대방에게 혹시라도 불편하게 들리지는 않을까?'
'이 유머가 듣는 이의 약점을 건드리지는 않을까?'
'웃고 난 뒤에 씁쓸함이 남지는 않을까?'

만약 조금이라도 망설여진다면 그 농담은 던지지 마세요. 잘못된 유머는 관계를 망가뜨리는 가장 날카로운 칼이 될 수도 있습니다. 품격 있는 유머는 타인의 약점을 건드리지 않으면서도 웃음을 만들어 냅니다. 오늘부터 당신의 유머가 누군가를 웃게 만드는지, 아니면 누군가를 울게 만드는지 점검하길 바랍니다.

3장

존중은 표현에서 드러난다

피드백의 기술부터 경청의 팁까지

01

'왜'는 변명을 낳고 '어떻게'는 해결책을 낳는다

"비판은 비를 닮아야 한다. 나무의 뿌리를 파괴하지 않으면서 나무가 성장할 수 있도록 부드럽게 적셔 주어야 한다."

- 프랭크 클라크(미국 정치인)

"이거 왜 이렇게 했나요? 내가 몇 번을 말했습니까?"

우리는 누군가의 잘못을 목격했을 때 본능적으로 질책부터 합니다. 문제를 바로잡으려는 의도지만, 안타깝게도 대부분의 질책은 정반대의 결과를 낳습니다. 상대방은 자신의 잘못을 반성하기보다 방어적인 태도를 취하고, 마음속에 억울함이라는 벽을 쌓습니다. 진짜 문제는 대부분의 피드백이 '평가'에 머물 뿐 '성장'으로 이어지지 못한다는 것입니다.

믿음을 주는 대화의 핵심은 상대방을 주눅 들게 하는 것이 아니라 다시 일어설 힘을 주는 데 있습니다. 질책은 과거의 실수에 초점을 맞춰 사람을 비난하는 '뺄셈의 언어'지만, 올바른 피드백은 미래의 행동을 수정해 성장을 도모하는 '덧셈의 언어'입니다.

지혜 씨는 아들의 끈기 없는 모습이 늘 답답했습니다. 아들이 숙제를 미루면 "너 또 숙제 안 했어? 엄마가 몇 번을 말해야 알아들어?"라며 윽박지르는 게 일상이었죠. 아들이 더 성실해졌으면 하는 마음에서 하는 말이었지만, 이런 지혜 씨의 마음을 모르는 아들은 점점 더 엄마의 눈을 피하고 방문을 닫아걸었습니다. 지혜 씨의 반복된 질책은 아들에게 '나는 뭘 해도 안 되는 아이'라는 메시지를 줬고, 결국 아이의 성장 동기를 완전히 꺾어 버렸습니다.

화장품 회사 상품 기획팀에서 20년째 재직 중인 정호 씨는 팀원들 사이에서 '냉정한 상사'로 불렸습니다. 특히 입사한 지 이제 막 1년이 지난 팀원 서준 씨의 보고서를 보며 늘 "이건 아니죠. 다시 하세요"라고 말했습니다. 그럴 때마다 서준 씨는 무엇을 어떻게 고쳐야 할지 몰라 야근을 반복했고, 정호 씨의 호통과 주눅 든 서준 씨의 모습에 팀 분위기는 항상 경직되어 있었습니다.

그러나 사내 리더십 강의를 들은 후 정호 씨는 무조건 다시 하라고만 했던 자신의 피드백 방식이 서준 씨에게 전혀 도움을 주지 못했다는 사실을 알게 됐습니다. 올바른 개선 방안은 알려 주지 않고 사람들 앞에서 큰소리로 면박만 줬던 자신이 부끄럽기도 했습니다. 그날 이후 정호 씨의 피드백 방식은 전격적으로 바뀌었죠.

"서준 씨, 시장 분석 부분은 데이터도 정확하고 정말 잘 정리했어요. 그런데 경쟁사 비교 부분에서 우리 회사의 강점이 명확하지 않네요. 다음번엔 경쟁사 대비 차별점을 세 가지로 정리해서 넣으면 훨씬 설득력 있을 것 같은데, 어떻게 생각해요?"

정호 씨가 디테일하고 생산적인 방향으로 피드백을 해 준 덕분에 서준 씨는 정확히 무엇을 고쳐야 할지 알게 됐고, 다음 보고서는 한 번에 통과됐습니다. 이후 정호 씨 팀은 시장에서 반응이 좋은 히트 상품을 가장 많이 기획해 사내에서 제일 빠르게 성장하는 팀이 됐습니다.

상대방을 움직이는 다음 단계 피드백

왜 지혜 씨의 질책은 실패했고, 정호 씨의 피드백은 성공했을까요? 세계적인 교육학자 존 해티 교수의 '가시적 학습' 연구에 그 해답이 있습니다.

해티 교수는 30년 넘게 2억 명 이상의 학생을 대상으로 연구한 결과, 피드백이 학습에 가장 큰 영향을 미친다는 사실을 밝혀냈습니다. 하지만 그는 "제대로 된 피드백만이 효과가 있다"라고 강조했습니다. 교사들은 흔히 '지적'을 피드백이라 생각했지만, 학생들은 '다음에 무엇을 해야 하는지' 알기를 원했습니다. 이 간극이 피드백 실패의 원인이었죠.

해티 교수는 이 격차를 해결하기 위해 '효과적인 피드백을 위한 세 가지 질문'을 제시했습니다.

첫째, 나는 어디로 가고 있는가?(목표)

무엇을 달성해야 하는지 명확히 합니다.

둘째, 나는 지금 어떻게 하고 있는가?(현재)

현재 위치와 잘하고 있는 점을 확인합니다.

셋째, 다음엔 무엇을 해야 하는가?(미래)

성장을 이끄는 피드백의 핵심입니다. 단순히 잘못을 지적하는 것이 아니라 구체적인 다음 단계를 제시해야 좋은 피드백입니다.

해티 교수의 2021년 연구에 따르면, 학생들의 성적 향상을 가장 잘 이끈 것은 칭찬이나 지적이 아니라 바로 '다음에 무엇을 해야 하는가?'에 대한 피드백이었습니다. 지혜 씨가 아들에게 던진 "너는 왜 못하니?"라는 말은 단순한 비난이었지만, 정호 씨의 "경쟁사와의 차별점을 세 가지로 정리해 보라"는 말은 명확한 '다음 단계'를 제시한 완벽한 피드백이었습니다.

질책을 멈추고 성장을 돕는 피드백을 하려면 의식적인 언어 습관의 변화가 필요합니다. 다음은 상대방의 방어 기제를 낮추고 신뢰를 쌓는 세 가지 방법입니다.

첫째, '현재-인정-다음'의 3단계 공식을 사용하라

해티 교수의 이론을 적용해 피드백을 해 보세요. 상대방의 현재 상태를 짚어 주고(현재), 잘한 점을 구체적으로 칭찬하고 (인정), 개선할 방향을 제시하는 것입니다(다음).

"이번 발표 자료 구성은 정말 논리적이었어요(현재). 청중을 이해시키는 데 큰 도움이 됐습니다(인정). 다음번엔 각 슬라이드마다 핵심 메시지를 한 문장으로 요약해서 넣으면 더 임팩트가 있을 것 같아요(다음)."

둘째, '왜'를 버리고 '어떻게'로 질문하라

"도대체 왜 그랬어?"는 과거를 캐묻는 비난입니다. '왜'는 변명을 낳지만, '어떻게'는 해결책을 낳습니다. 미래 지향적인 질문으로 상대방의 뇌를 '문제 해결 모드'로 전환시키세요.

"왜 늦었어요?"
→ "다음에는 어떻게 하면 시간을 맞출 수 있을까요?"

"왜 보고서를 이렇게 썼습니까?"
→ "이 부분의 설득력을 높이려면 어떻게 보완하면 좋을까요?"

셋째, '사람'이 아닌 '행동'에 초점을 맞춰라

"게으르다", "무책임하다" 같은 형용사는 인격에 대한 비난입니다. 감정을 섞지 말고 카메라로 찍듯이 관찰한 사실(행동)만을 건조하게 전달하세요.

"당신은 게으른 사람입니다."

→ "이번 주 마감 기한이 이틀 지났는데 아직 보고서를 제출하지 않았네요. 다음부터는 알람을 맞춰서 미리 확인하는 건 어떨까요?"

사실을 말하면 상대방도 반박할 수 없고, 자신의 행동을 객관적으로 인지하게 돼 스스로 변화를 선택하게 됩니다.

우리는 누군가를 아끼기 때문에 피드백을 합니다. 하지만 그 방식이 질책이라면, 그것은 사랑이 아니라 폭력이 될 수 있습니다. 오늘 누군가에게 아쉬운 점을 말해야 한다면, 비난의 화살을 내려놓고 성장의 사다리를 놓아 주세요. '당신은 더 잘할 수 있는 사람입니다'라는 믿음을 담은 언어만이 사람을 변화시킵니다.

02

설명할 때는
상대방에게 맞춰 번역하라

"당신이 어떤 것을 간단하게 설명할 수 없다면, 당신은 그것을
충분히 이해하지 못한 것이다."

- 알베르트 아인슈타인

"이 정도는 알아들어야 하는 거 아니야?"
"내가 아까 설명했잖아. 왜 이해를 못하는 거야?"

우리는 종종 상대방이 내 말을 이해하지 못할 때 답답함을
느낍니다. 문제는 우리가 '내가 하고 싶은 말'만 하고, '상대가
들을 수 있는 언어'로 말하지 않는다는 것입니다. 중학생 자녀

에게 대학 논문 수준으로 설명하거나, 신입 사원에게 20년 차 베테랑의 전문 용어를 쏟아 내면서, 우리는 상대방에게 "왜 이해를 못하지?"라고 되묻습니다.

대화는 혼자 하는 독백이 아니라 상대방과 함께 추는 춤입니다. 내가 아무리 화려한 춤사위를 뽐내도 파트너가 그 스텝을 따라오지 못한다면, 그것은 아름다운 춤이 아니라 혼란스러운 몸짓에 불과합니다. 믿음을 주는 대화의 핵심은 상대방의 '언어 레벨'을 파악하고, 그 수준에 맞춰 소통하는 배려에 있습니다.

이것은 상대방을 무시하는 태도가 아니라 가장 효과적으로 메시지를 전달하기 위한 지혜로운 전략입니다. 진정한 소통의 고수는 어려운 내용을 어렵게 말하는 사람이 아니라 복잡한 내용도 누구나 알아들을 수 있게 번역해 주는 사람입니다.

혜원 씨는 시어머니에게 스마트폰 사용법을 설명하며 애를 먹었습니다. '앱', '키워드', '터치' 같은 용어를 써 가며 설명했지만, 시어머니는 도통 이해하지 못했습니다. 혜원 씨는 가슴이 답답했지만, 곧 시어머니의 눈높이에 맞춰 설명 방식을 바꿨습니다.

"어머니, 빨간색 네모 버튼(앱)을 누르고, 돋보기 그림(검색

창)을 눌러서, 우체부 아저씨한테 물어보듯 보고 싶은 걸 말씀하세요."

시어머니는 그제야 환하게 웃으며 스마트폰으로 음성 검색을 하는 방법을 이해했습니다. 혜원 씨는 시어머니의 이해력이 부족해서가 아니라 자신의 설명 방식이 시어머니에게는 어려웠다는 사실을 깨달았습니다.

IT 기업에서 25년 넘게 개발자로 일한 진우 씨는 '마이크로서비스 아키텍처', 'API 게이트웨이' 같은 전문 용어로 새로운 시스템 구축 프로젝트를 설명하다가 실패를 맛봤습니다. 회의에 참석한 사람들 중 기술팀을 제외하고는 아무도 그의 말을 알아듣지 못했기 때문입니다. 의사결정을 내려야 하는 경영진들도 고개만 갸우뚱할 뿐이었습니다.
잠시 휴식 시간을 가진 뒤 회의를 재개하며 그는 접근 방식을 바꾸기로 결심했습니다.

"우리 시스템은 마치 레고 블록과 같습니다. 예전에는 통째로 붙어 있어서 하나가 고장 나면 전체를 바꿔야 했지만, 이제는 고장 난 블록만 갈아 끼우면 됩니다.

그제야 물음표가 가득했던 경영진들의 표정이 환해졌습니다. 단번에 새로운 프로젝트의 목적을 이해한 경영진들은 프로젝트 추진을 승인했습니다. 상대방의 눈높이에 맞춘 인상적인 프레젠테이션 덕분에 진우 씨는 이후 사내에서 기술 전문가를 넘어 소통의 리더로 인정받았습니다.

수렴하는 말 VS. 발산하는 말

우리가 말을 할 때 상대방의 언어 레벨에 맞춰야 하는 이유는 무엇일까요? 영국 사회심리학자 하워드 자일스 교수의 '커뮤니케이션 조율 이론'을 들여다보면 답이 보입니다.

자일스 교수는 사람들이 대화할 때 무의식적으로 두 가지 전략을 사용한다고 설명했습니다.

첫째, 수렴하기

이는 상대방과 비슷해지려고 말투, 속도, 용어를 조정하는 전략입니다. 학생이 선생님께 존댓말을 쓰거나, 어른이 아이에게 쉬운 단어를 쓰는 것이 대표적인 예입니다. 수렴은 상대방에 대한 존중과 호감을 표현하며, 심리적 거리를 좁혀 신뢰를 높입니다.

둘째, 발산하기

이는 의도적으로 상대방과 다르게 말하는 전략입니다. 이를 테면 전문 용어를 과도하게 사용해 권위를 과시하거나, 상대 방과 거리감을 두려는 태도입니다.

자일스 교수의 연구에 따르면, 의사가 환자에게 쉬운 말로 설명할 때(수렴), 환자의 치료 순응도가 높아졌습니다. 상사가 부하 직원의 눈높이에 맞출 때, 업무 성과가 향상됐습니다. 혜 원 씨와 진우 씨의 첫 번째 설명은 '발산' 전략이었기에 소통이 단절됐지만, 두 번째 설명은 완벽한 '수렴' 전략이었기에 상대 방의 신뢰와 이해를 얻을 수 있었습니다.

지식의 저주를 풀고 상대방의 마음에 닿는 소통을 하려면 나 중심의 언어를 상대방 중심의 언어로 '번역'하는 과정이 필요 합니다.

첫째, '3단계 하향 번역법'을 사용하라

전문 용어나 어려운 개념을 상대방에게 전달할 때는 3단계 로 쉽게 풀어서 설명하세요.

• 1단계 핵심 요약: "이건 쉽게 말하면 ○○○야."

- 2단계 일상 비유: "마치 ○○○ 하는 것처럼."
- 3단계 행동 제시: "그래서 당신이 할 일은 ○○○야."

"클라우드 저장은 마치 은행 금고에 물건을 맡기는 것처럼 인터넷 공간에 파일을 저장하는 거예요. 그래서 당신이 그냥 이 버튼만 누르면 자동으로 저장돼요."

둘째, '확인 질문'으로 이해도를 점검하고 유연하게 재설명하라

일방적으로 설명만 하지 말고, 대화하는 틈틈이 상대방의 이해도를 확인하세요. 이때 질문의 주어를 '나'로 바꿔 겸손하게 물어보세요.

"제가 설명한 내용이 충분히 전달됐을까요?"
"혹시 제가 너무 어렵게 설명하지는 않았나요?"

상대방이 이해하지 못했다면, 같은 설명을 반복하지 말고 다른 비유나 예시를 들어 다시 설명하세요.

셋째, 대화 전 '3W 원칙'으로 상대를 분석하라

말을 시작하기 전, 상대방에 대해 세 가지 질문을 던져 보세요.

- Who(누구인가?): 상대방의 직업, 연령, 배경은?
- What(무엇을 아는가?): 이 주제에 대한 사전 지식은?
- Why(왜 듣는가?): 정보 습득이 목적인가, 공감이 목적인가?

상대방의 배경을 파악하고 그에 걸맞은 어휘와 설명 방식을 선택하는 것은 배려하는 대화의 시작입니다.

상대방의 언어 레벨에 맞춰 말한다는 것은 말의 높낮이를 조절하는 기술이 아니라 '당신을 이해하고 싶다'는 마음의 표현입니다. 진정한 소통은 내가 아는 것을 뽐내는 태도가 아니라 상대방이 이해할 수 있도록 배려하는 태도에서 비롯됩니다. 언어 레벨을 맞추는 습관이 신뢰를 쌓습니다.

03

듣지 않는 사람이 하는 말,
진작 말하지!

"말을 배우는 데는 2년이 걸리지만, 침묵을 배우는 데는 60년이
걸린다."

- 어니스트 헤밍웨이

"그래서 결론이 뭐야?"
"아, 그 얘기 이제 됐고…"

우리는 대화 중에 무의식적으로 상대방의 말을 자릅니다.
특히 많은 경험이 쌓인 중년 이상의 세대는 상대방의 말이 느
리거나 답답하게 느껴질 때, 혹은 내 머릿속에 이미 결론이 섰

을 때 본능적으로 대화를 치고 들어갑니다. "시간이 없어서", "효율적으로 말하려고"라는 이유를 대지만, 상대방은 두 가지 치명적인 메시지를 전달받습니다. 첫째는 '당신의 말은 들을 가치가 없다'는 무시이며, 둘째는 '내가 당신보다 우위에 있다'는 오만입니다.

믿음을 주는 대화의 핵심은 상대방의 말을 끝까지 듣고 그 호흡을 존중하는 여유에 있습니다. 진정한 경청은 단순히 귀로 듣는 데서 그치지 않습니다. 상대방이 하고 싶은 말을 온전히 표현할 수 있도록 심리적 공간을 만들어 줘야 합니다. 상대방의 호흡을 기다릴 줄 아는 여유는 대화에 깊이를 더하고, 관계에 신뢰를 쌓는 가장 강력한 소통 습관입니다.

지현 씨는 성격이 급해 가족들의 말을 매번 중간에 끊기 일쑤입니다. 남편이 "오늘 김 팀장님이…"라고 말문을 열자마자 "아, 또 그랬어? 결론이 뭐야?"라고 말허리를 잘랐고, 딸이 학교 이야기를 할라치면 "그래서 누구랑 싸웠다는 거야? 엄마가 그러지 말랬지!"라며 갑작스럽게 훈계를 시작했습니다.

이런 상황이 반복되자 가족들은 점점 지현 씨 앞에서 입을 다물었습니다. 특히 사춘기 딸은 "엄마는 내 말을 끝까지 다 듣지도 않고 무조건 아는 척한다"라면서 슬금슬금 지현 씨를 피했습니다. 가족들의 외면에 외로움을 느낀 지현 씨는 어느 날 목구멍까지 올라오는 말을 꾹 참고 딸의 이야기를 한번 끝까지 들어 보기로 결심했습니다. 딸이 친구와의 갈등을 이야기할 때 묵묵히 듣고 고개를 끄덕이기만 했죠. 딸의 말이 끝난 후에는 이렇게 말했습니다.

"아, 그랬구나. 네가 먼저 다가간 거 정말 잘했다."

말허리도 자르지 않고, 성급한 질책이나 훈계를 하기보다 딸의 태도를 격려하자 딸은 환하게 웃으며 엄마의 변화를 반겼습니다.

"엄마가 내 말을 끝까지 들어 주니까 말하기가 정말 편해."

지현 씨는 딸이 그동안 원한 것은 섣부른 조언이 아니라 진심 어린 경청이었음을 깨달았습니다.

자동차 회사 영업팀에서 상무로 일하는 재욱 씨는 회의 때마다 팀원들 말을 공격적으로 끊곤 했습니다.

"박 부장, 서론이 너무 길어요. 됐고, 핵심만 말하세요!"

재욱 씨는 본론만 말하는 방식을 효율적이라 생각했지만, 팀원들은 무력감을 느꼈습니다. 특히 신입 사원 지훈 씨는 참신한 아이디어를 내려고 해도 "하던 대로 하세요"라며 말을 잘리기 일쑤였습니다. 결국 이런 방식을 참다못해 유능한 직원 한 명이 재욱 씨의 방식에 반기를 들며 퇴사를 하고 말았습니다.

"제 의견이 존중받지 못한다는 생각이 들어 더 이상 회사를 다니기 어렵습니다."

팀원의 갑작스러운 퇴사와 그 이유에 엄청난 충격을 받은 재욱 씨는 더 이상 이런 식으로 일해서는 안 되겠다고 생각하고 변화를 실천했습니다. 이를테면 지훈 씨가 다시 보고했을 때 꾹 참고 끝까지 들었습니다.

"상무님, 현재 CS에 접수된 고객 불만이 30퍼센트에 달합니다. 배송과 응대 방안을 개선해야 합니다."

지훈 씨의 말이 끝난 후 재욱 씨는 이렇게 되물었습니다.

"그럼 지훈 씨는 구체적으로 어떻게 개선하면 좋겠습니까?"

이 문제를 오랫동안 고민해 온 지훈 씨는 자신 있게 대안을 내놓았고, 그 결과 고객 만족도가 크게 향상됐습니다. 리더인 재욱 씨의 변화한 태도가 팀의 혁신을 이끌어 낸 것입니다.

변화는 듣기에서부터 시작된다

우리가 상대방의 말을 끝까지 들어야 하는 이유는 무엇일까요? 심리학자 칼 로저스 교수의 '적극적 경청 이론'에 그 답이 있습니다.

로저스 교수는 상담 과정에서 치료사가 내담자의 말을 끊지 않고 끝까지 들어 줄 때, 내담자의 심리적 변화가 극적으로 일어난다는 사실을 발견했습니다. 반대로 치료사가 내담자의 말을 끊고 조언하면 내담자는 방어적인 태도를 보였습니다. 그는 "적극적 경청은 사람들을 변화시키는 가장 강력한 방법"이라고 강조했습니다.

로저스 교수가 말하는 적극적 경청의 핵심은 세 가지입니다.

첫째, 끝까지 듣기

말을 중간에 끊는 것은 '당신 생각은 중요하지 않다'는 신호지만, 끝까지 듣는 것은 '당신의 존재가 가치 있다'는 신호입니다.

둘째, 이해하려 노력하기

말 뒤에 숨겨진 감정까지 파악하려는 의도적인 노력이 필요합니다.

셋째, 판단 유보하기

상대방에 대한 비판이나 평가 없이 수용하는 분위기를 만들어야 합니다.

로저스 교수의 연구에 따르면, 말을 끝까지 들어 준 사람은 상대방으로부터 더 높은 신뢰를 받고 관계 만족도가 향상됐습니다. 지현 씨가 딸의 말을 중간에 끊었을 때 딸은 입을 꾹 다물었지만, 끝까지 들어 주자 마음을 활짝 열었습니다. 재욱 씨가 지훈 씨의 말허리를 끊었을 때 지훈 씨는 침묵했지만, 아이디어를 낼 때까지 기다려 주자 혁신적인 방안을 제시했습니다. 상대방이 말할 수 있는 안전한 공간을 만들어 주는 것이야말로 경청의 시작입니다.

다음은 말을 중간에 끊는 습관을 고치고 상대방의 호흡을 기다리는 여유를 갖기 위한 세 가지 방법입니다.

첫째, '3초 침묵' 규칙을 지켜라

상대방의 말이 끝난 것 같아도 마음속으로 '하나, 둘, 셋'을 세 보세요. 그 짧은 침묵 동안 상대방은 미처 하지 못한 중요한 말을 꺼내기도 합니다. 이 3초의 공백은 어색한 정적이 아니라 '더 말해도 좋다'는 시그널을 보내는 초대의 시간입니다.

둘째, '요약 후 질문' 기법을 사용하라

내 의견을 말하기 전에 상대방의 말을 요약해서 되돌려주세요.

"그러니까 김 과장님 말씀은 A가 문제라서 B가 필요하다는 뜻이죠?"

이는 내가 제대로 들었음을 증명하고 상호 간의 오해를 줄여줍니다. 그 후 "혹시 더 하실 말씀 있으세요?"라고 물으면 상대방은 깊은 존중감을 느낍니다.

셋째, '비언어적 경청 신호'를 보내라

말 대신 몸으로 반응해 보세요. 눈을 맞추고, 고개를 끄덕이고, 몸을 기울여 보세요. 메모를 하며 듣는 것도 좋습니다. 이는 말하고 싶은 충동을 손끝으로 분산시키고, 상대방에게 '당신의 말을 중요하게 듣고 있다'는 강력한 신호를 보냅니다. "음", "그렇군요" 같은 짧은 추임새는 상대방이 편안하게 말을 이어 가게 돕습니다.

말을 멈추면 상대방의 마음이 들립니다. 3초의 기다림은 빈 시간이 아니라 신뢰가 채워지는 시간입니다. 상대방의 마침표를 기다려 주는 여유가 당신을 진정한 어른으로 만듭니다.

말과 행동이 다른 사람이
약속을 좋아한다

"당신의 행동이 너무 크게 말하고 있어서, 당신의 말소리가 들리지 않습니다."

- 랠프 월도 에머슨(미국 사상가)

"이번 주말에는 꼭 놀러 가자."

"앞으로는 여러분의 의견을 적극 반영하겠습니다."

"다음 달부터는 술을 줄일 거야."

우리는 말로는 수없이 약속합니다. 의도는 선하고, 그 순간만큼은 진심이었을 테죠. 그러나 그 말이 공허한 메아리로 돌아오는 순간은 예고 없이 찾아옵니다. 말과 행동 사이에 틈이 벌어질 때, 그 틈 사이로 신뢰는 소리 없이 새어 나갑니다. 특히 사회적 책임이 무거워지는 중년 이상의 세대는 가정과 직장에서 수많은 약속과 다짐을 쏟아 내지만, 바쁜 일상 속에서 그 약속을 지키지 못하는 경우가 허다합니다.

심리학에서는 이를 '일관성의 원칙'이라 부릅니다. 사람들은 타인의 말과 행동 사이의 일관성을 관찰하고, 그 일관성의 정도에 따라 신뢰를 판단합니다. 믿음을 주는 대화의 핵심은 화려한 수사가 아니라 언행일치(言行一致)에 있습니다. 당신이 말한 것을 행동으로 옮길 때 비로소 당신의 말은 무게를 갖습니다. 반대로 말만 번지르르하고 행동이 뒤따르지 않을 때, 당신의 모든 말은 공허한 메아리에 그치고 맙니다. 신뢰는 단 한 번의 거창한 약속이 아니라 작은 약속을 거듭 지키는 반복된 행동으로 쌓여 갑니다.

은진 씨는 평소 계획적이고 실천력이 좋은 성격으로 지인들 사이에서 유명했습니다. 그러나 연년생 남매의 육아와 가사, 그리고 갑작스러운 부모님 병간호가 겹치면서 몇 해 전부터는 몸이 두 개여도 모자랄 만큼 정신없이 바쁜 나날을 보냈습니다.

분주한 일상 속에서도 완벽하게 아내이자 엄마의 역할을 해

내고 싶었던 그녀는 아이들과 남편에게 쉽게 약속의 말을 던지곤 했습니다.

"얘들아, 내일부터는 엄마랑 아침마다 30분씩 같이 책 읽자!"
"이번 주말엔 쌓인 서류들 내가 다 정리해 놓을게."

처음에는 진심으로 그 약속들을 지키려 노력했지만, 나날이 쌓여 가는 피로와 돌발적인 상황들 속에서 그녀의 약속은 대부분 지켜지지 못했습니다. 몇 개월이 흐르자 남편은 더 이상 그녀가 말끔하게 집안일을 해내길 기대하지 않았고, 아이들도 "엄마는 거짓말쟁이"라며 실망하는 모습을 보였습니다. 가족 내에서 그녀의 말은 점차 신뢰를 잃어 갔습니다.

'분명 내 의도는 이게 아니었는데, 왜 가족들은 나를 믿지 못할까?'

은진 씨는 가족들의 냉랭한 반응에 좌절감을 느꼈습니다. 깊은 고민 끝에 그녀는 자신이 그간 내뱉은 말이 너무 많았고, 그 말을 행동으로 뒷받침하지 못했다는 것을 깨달았습니다.
그때부터 은진 씨는 자신의 언어 습관을 바꾸기로 결심했습니다. 가령 "이번 주말에는 엄마가 꼭 재밌는 동화책 두 권 읽어 줄게"라고 말했다면, 주말 아침마다 아이들을 무릎에 앉히고 책을 읽어 줬습니다. 작은 약속일지라도 지킬 수 있는 말만 했고, 일단 말한 것은 비가 오나 눈이 오나 반드시 실천에 옮겼습니다. 그러자 그녀의 말은 다시 무게를 얻기 시작했고, 가족들로부터 깊은 신뢰를 회복하게 됐습니다.

대형 병원 경영 지원팀 팀장인 윤호 씨는 부임 초기 팀원들에게 '수평적 소통'을 강조했습니다. 그는 회의 때마다 이렇게 선언했습니다.

"제 방문은 언제나 열려 있습니다. 반대 의견도 자유롭게 말해 주세요."

그러나 실제로 팀원이 이의를 제기했을 때 윤호 씨는 굳은 표정으로 이렇게 지시했습니다.

"내 말에 토 달지 말고 일단 시키는 대로 해 보세요."

그뿐만이 아니었습니다. 윤호 씨는 "야근을 줄입시다"라고 말하면서 팀원들에게 정시 퇴근을 권장했습니다. 하지만 정작 본인은 매일 저녁 늦은 시간까지 자리를 지키며 팀원들에게 눈치를 줬고, 밤 11시에 업무 메시지를 보내기도 했습니다.

말과 행동이 어긋난 결과는 참담했습니다. 팀원들은 윤호 씨의 "소통하자"라는 말을 "내 말만 들어라"라는 뜻으로 번역해 듣기 시작했습니다. 그의 말은 더 이상 영향력을 갖지 못했고, 팀원들은 앞에서는 "네"라고 했지만 뒤에서는 냉소했습니다.

'우리 팀장님은 어차피 말만 그렇게 하지, 행동은 절대 그렇게 안 해.'

윤호 씨를 불신하는 분위기가 어느덧 팀 전체에 퍼졌습니다. 팀장의 언행 불일치는 리더십의 진공 상태를 만들었고, 팀의 성과는 서서히 하락했습니다.

언행일치는 생산성도 끌어올린다

왜 사람들은 말과 행동이 다른 사람에게 본능적인 거부감을 느낄까요? 그리고 이것이 실제 성과에는 어떤 영향을 미칠까요? 코넬대학교 호텔경영대학의 토니 시몬스 교수가 정립한 '행동적 진실성' 연구에서 그 실마리를 찾을 수 있습니다.

시몬스 교수는 리더십과 신뢰의 관계를 규명하기 위해 미국의 대표적인 호텔 체인인 홀리데이 인 호텔 76개 지점에서 근무하는 6,500명 이상의 직원을 대상으로 방대한 현장 연구를 수행했습니다. 그는 직원들에게 자신의 매니저가 얼마나 '말과 행동이 일치하는지'를 평가하게 했습니다. 그리고 이 점수가 호텔의 실제 수익성, 고객 만족도, 직원 이직률에 어떤 영향을 미치는지 분석했습니다.

그 결과, 매니저의 행동적 진실성 점수가 0.25점(5점 만점 기준) 오를 때마다, 해당 호텔의 연간 수익은 무려 25만 달러(한화로 약 3억 5,000만 원) 이상 증가했습니다. 반대로 말과 행동이 다른 매니저가 있는 호텔은 직원들의 이직률이 높았고, 서비스 품질이 저하되어 수익이 급감했습니다. 시몬스 교수는 이를 '진실성 배당금'이라고 명명했습니다. 시몬스 교수는 다음과 같은 사실을 강조했습니다.

"리더의 행동적 진실성은 조직 문화를 결정하고, 구성원들의 몰입도를 좌우하며, 궁극적으로 조직의 성과를 만들어 낸다. 언행일치는 도덕의 문제가 아니라 관계와 성과를 결정짓는 경제적 실체다."

은진 씨의 사례는 시몬스 교수가 경고한 언행 불일치의 전형적인 결과입니다. 그녀의 '약속(말)'과 '불이행(행동)' 사이의 괴리는 가족들에게 인지적 부조화를 일으켰고, 가족들은 점차 그녀의 말을 신뢰하지 않게 됐습니다. 이는 가정 내에서 '엄마/아내의 말은 믿을 수 없다'는 인식을 만들었고, 그녀의 권위는 추락했습니다. 반면에 은진 씨가 작은 약속부터 지키기 시작하자 가족들은 '말과 행동의 일치'를 확인했고 신뢰는 다시 회복됐습니다.

윤호 씨의 경우 역시 마찬가지입니다. 그의 "소통하겠다"라는 말과 '강압적인 지시'라는 행동 사이의 괴리가 팀원들에게 배신감을 심어 줬습니다. 시몬스 교수의 연구가 보여 주듯, 이는 곧 업무 몰입도 저하와 성과 하락이라는 비용으로 이어졌습니다. 언행일치는 개인의 품격뿐만 아니라 조직의 성과까지 결정하는 핵심 요소입니다.

다음은 신뢰를 얻는 세 가지 방법입니다.

첫째, '지킬 수 있는 약속'만 말하라

많은 사람들이 '좋은 사람'으로 보이고 싶어서, 혹은 상황을 모면하기 위해 지키지 못할 약속을 남발합니다. "언제 밥 한번 먹자", "내가 알아서 할게" 같은 막연한 말은 관계를 해치는 독입니다. 공수표를 남발하기보다 자신의 능력과 가용 시간을 냉정하게 판단해 보세요. "무조건 해 줄게" 대신 "일정상 이번 주는 어렵고, 다음 주 화요일까지는 가능해"라고 구체적인 조건을 달아 약속하세요.

둘째, 나의 말을 '공개적 기록'으로 남겨라

말은 공중으로 흩어지지만, 기록은 남습니다. 내가 한 말을 책임지기 위해 스스로를 구속하는 장치를 마련해 보세요. 가령 가정에서는 냉장고 문에 '이번 주 아빠/엄마의 약속'을 포스트잇에 적어 붙여 보세요. 약속한 일이 눈에 보이면 실천하기 마련입니다. 직장에서는 회의 후 "오늘 제가 하기로 한 A와 B는 내일 오전까지 공유하겠습니다"라고 이메일이나 메신저로 텍스트화해 남겨 보세요.

셋째, 약속을 어겼을 땐 '즉시 수정'하고 재협상하라

살다 보면 불가피하게 약속을 지키지 못할 때가 생깁니다. 이때 가장 나쁜 태도는 슬그머니 넘어가는 것입니다. 신뢰는 약속을 100퍼센트 지킬 때만 생기는 것이 아닙니다. 약속을 못 지켰을 때 어떻게 대처하느냐에 따라 신뢰 관계가 더 단단해지기도 합니다. 변명이 아닌 인정과 수습은 깨진 신뢰를 다시 붙이는 접착제임을 기억하세요.

말과 행동 사이의 거리가 가까울수록 당신 인격의 깊이는 깊어집니다. 지킬 수 없는 말은 섣불리 하지 말고, 한번 내뱉은 말은 반드시 행동으로 증명할 때 사람들은 당신을 믿을 수 있는 사람으로 여길 것입니다.

05

지적하지 못하고
거리 두게 되는 말 습관

"지혜로운 사람은 때와 장소를 가려 말한다. 상황에 적응하는
것이야말로 진정한 지혜의 척도다."

- 발타사르 그라시안(스페인 철학자)

"사장님, 점심 뭐 드실래요?"
"할머니, 그거 줘 봐."

문법적으로는 틀린 부분이 없지만, 듣는 순간 미묘하게 불편
한 말들이 있습니다. 문제는 말의 내용이 아니라 그 말이 '상황
에 맞는지 여부'입니다. 많은 사람들이 상황에 걸맞은 '언어 전

환'에 실패합니다. 이를테면 직장에서 사용하는 명령조를 집에서 쓰거나, 친구에게 하는 반말을 공식 석상에서 내뱉는 식이죠.

믿음을 주는 대화의 핵심은 시간(Time), 장소(Place), 상황(Occasion)에 맞는 언어를 선택하는 능력, 즉 TPO를 고려한 말투에 있습니다. 이것은 말의 품격을 좌우하는 중요한 기준입니다. '나는 겉과 속이 같은 사람이야'라며 언제 어디서나 똑같은 말투를 고집하는 것은 소신이 아니라 '사회적 지능의 부재'를 드러낼 뿐입니다.

미연 씨는 사람들과 허물없이 편하게 지내는 성격입니다. 그녀의 털털한 말투와 태도를 많은 사람들이 좋아했죠. 그러던 어느 날, 미연 씨는 학부모 간담회에 참석할 일이 생겼습니다. 그 자리에서 그녀는 평소 습관대로 아이의 담임 선생님에게 이렇게 말했습니다.

"선생님, 앞으로 우리 애 좀 잘 봐 주세요~"

그러자 순간적으로 선생님의 표정은 굳어졌고, 다른 학부모들의 시선도 차가웠습니다. 미연 씨는 예상치 못한 냉랭한 반응에 머쓱한 기분이 들었습니다.

'부담 갖지 마시라고 편하게 말한 건데, 다들 왜 그러시지?'

간담회가 끝난 후 평소 가깝게 지내던 학부모가 미연 씨에게 다가와 조심스레 조언했습니다.

"소리 엄마, '좀 잘 봐 주세요'보다는 '신경 써 주시면 감사하겠습니다' 정도로 말했으면 어땠을까? 자기 성격 좋고 털털한 거 나야 잘 알지. 근데 학교 행사에서 그렇게 말하니까 다들 당황하는 눈치더라."

미연 씨는 그제야 친구 모임에서 쓰는 말투와 공식적인 자리에서 쓰는 말투는 달라야 함을 깨달았습니다. 이후 그녀는 공식적인 자리에서는 정중한 표현을, 어르신들이 계신 자리에서는 경청하는 말투를 사용했습니다. 그러자 사람들은 그녀를 '예의 바르고 생각 깊은 사람'으로 평가하기 시작했습니다.

대기업에서 상무로 재직 중인 준상 씨는 직설적인 업무 지시가 트레이드 마크였습니다. 문제는 회식 자리에서도 업무용 말투를 쓴다는 것이었습니다.

"이봐, 김 대리, 여기 잔 좀 제대로 채워 보게."

"박 부장, 식사 주문을 너무 두서없이 하는 거 아닌가?"

업무 지시를 하는 듯한 준상 씨의 말에 흥겨웠던 회식 분위기는 얼어붙었고, 언제부터인가 팀원들은 그와 술자리를 갖거나 식사하는 것을 피하기 시작했습니다. 그런 팀원들의 모습에 충격을 받은 준상 씨는 변화를 시도했습니다. 공식적인 자리에서는 격식 있는 언어를 유지했고, 사적인 자리에서는 부드럽게 말하려고 노력했죠.

"밥 먹을 때는 일 얘기 빼고 편하게 말합시다."

"요즘 힘든 건 없습니까?"

그러자 팀원들은 차츰 "우리 상무님이 달라지셨다"라며 먼저 다가왔고, 경영진들은 그를 "상황을 읽을 줄 아는 리더"라고 평가했습니다.

같은 의미라도 다른 말로 전해야 하는 이유

우리가 상황에 따라 다른 언어를 사용해야 하는 이유는 무엇일까요? 영국 언어학자 M. A. K. 할리데이 교수의 '레지스터 이론' 속에서 그 답을 찾을 수 있습니다.

그는 언어가 '사회적 기능을 수행하는 도구'라고 강조했습니다. 같은 의사라도 동료 의료진에게는 "심근경색 소견"이라고 말하지만, 환자 가족에게는 "심장에 문제가 생겼습니다"라고 말합니다. 동일한 내용을 전달하더라도 상대방에 따라 언어를 달리 선택하는 것이죠.

그는 언어 변화를 결정하는 요소로 다음의 세 가지를 제시했습니다.

첫째, 장: 무엇에 대해 말하는가? (주제)

둘째, 관계: 누구와 말하는가? (화자와 청자의 관계)

셋째, 방식: 어떻게 말하는가? (구어, 문어 등)

할리데이 교수는 "언어 능력이 뛰어난 사람은 단어를 많이 아는 사람이 아니라 상황에 맞는 레지스터로 자유롭게 전환할 수 있는 사람"이라고 강조했습니다. 이를 '코드 전환'이라고 합니다.

미연 씨는 '관계'를 잘못 판단해 비격식 레지스터를 공식적인 자리에 사용했고, 준상 씨는 '장'을 잘못 판단해 업무 레지스터를 사적인 자리에 사용했습니다. 할리데이 교수는 이를 '레지

스터 불일치'라고 부르며, 이것이 불쾌감과 무례함을 유발한다
고 설명했습니다.

상황에 맞춰 말하면 말의 품격을 더 높일 수 있습니다. 세 가
지 기술을 알려 드리겠습니다.

첫째, '3초 TPO 체크리스트'로 상황을 파악하라

말하기 전 3초만 멈춰서 점검하세요.

- 시간(Time): 업무 시간인가, 휴식 시간인가?
- 장소(Place): 회의실인가, 식당인가?
- 상황(Occasion): 상사인가, 친구인가?

이 세 가지 요소를 파악하고 그에 맞는 언어 코드를 선택하
세요. 물리적 공간이 바뀔 때마다 심리적 스위치를 켜는 것이
중요합니다.

둘째, '이중 언어 훈련'으로 유연성을 길러라

같은 내용을 두 가지 버전으로 말하는 연습을 하세요.

- 격식: "죄송하지만, 다시 검토해 주실 수 있으실까요?"

• 비격식: "이거 한 번만 더 봐줄래?"

가 역할별로 적절한 어휘와 톤을 미리 준비해 두면, 상황에 따라 자연스럽게 말투를 전환할 수 있습니다.

셋째, '관계의 거리감'을 측정하고 피드백을 받아라

상대방과의 심리적 거리를 냉정하게 파악하세요. 친밀함과 무례함은 종이 한 장 차이입니다. 공식적인 자리거나 연장자와 대화할 때는 과할 정도의 존중이 안전합니다. 또한 가족이나 동료에게는 "내가 상황에 맞지 않게 말할 때가 있어?"라고 물어보세요. 타인의 피드백은 나를 객관적으로 돌아보게 하는 거울입니다.

말투에도 드레스 코드가 있습니다. 말의 품격은 무엇을 말하느냐가 아니라 '언제 어디서 누구에게 어떻게' 말하느냐로 완성됩니다. 상황을 읽고 거기에 걸맞은 언어로 갈아입을 줄 아는 센스가 당신을 믿을 수 있는 사람으로 만듭니다.

4장

편안함은
태도에서
나온다

관계를 살리는 말투부터 인정받는 말투까지

01
가족을 대하는 태도가
그 사람의 본모습이다

"가정은 당신이 가장 솔직하게 말할 수 있는 곳이 아니라 가장
신중하게 말해야 하는 곳이다."

- 메리 앤 피츠패트릭(미국 커뮤니케이션 전문가)

"그만 좀 꾸물거리고 빨리 안 해?"
"당신은 여태 집에서 뭐 했어?"

퇴근 후 현관문을 열고 들어서는 순간, 우리는 무의식적으로
이런 말을 가족에게 쏟아 냅니다. 회사에서는 조심스럽게 말
을 골라 하던 사람이 집에만 오면 거친 언어를 사용합니다.

'가족이니까 이해하겠지.'

'편한 사이니까 괜찮겠지.'

이러한 착각 속에서 가장 소중한 사람들에게 가장 함부로 말하는 실수를 범합니다.

밖에서 타인에게 베푸는 친절은 사회적 가면일 수 있지만, 가족 앞에서 쓰는 말투는 가면을 벗은 당신의 진짜 인격을 드러냅니다. 거래처 사람에게는 허리를 굽혀 인사하고 후배의 실수에는 관대하지만, 정작 배우자와 자녀에게는 날것 그대로의 짜증과 비난을 쏟아 낸다면 그것이 바로 당신의 본모습입니다.

전자 회사 마케팅팀에서 팀장직을 맡고 있는 민철 씨는 회사에서는 후배들을 격려하고 상사에게 정중한 사람이었습니다. 하지만 집에만 오면 권위적인 가장으로 돌변했습니다.

"여보, 물 좀 갖고 와."

"어휴, 집 안 꼴이 왜 이래?"

"은영아, 너 공부 안 하냐?"

이런 그를 참다못한 가족들은 이윽고 반기를 들었습니다.

"이제 아빠랑은 대화하기 싫어요."
"당신은 우리가 화풀이 대상으로만 보여요? 가족이 제일 만만하지."

가족들의 차가운 반응에 민철 씨는 이대로는 안 되겠다고 생각하고 변화를 결심했습니다. 귀가 전 차 안에서 3분간 심호흡을 하며 '나는 지금부터 팀장이 아니라 아빠다'라고 되뇌었고, 집에 들어가서는 아내에게 "오늘 고생 많았어"라고 따뜻하게 말하기 시작했습니다.

의식적인 노력을 이어 간 덕분이었을까요? 몇 개월 후 딸은 "아빠가 좋아졌어요"라며 웃었고, 아내는 "이제야 남편 같다"라며 따뜻하게 손을 잡았습니다.

워킹맘 수연 씨는 밖에서는 '친절한 사람'이었지만, 집에서는 남편과 아들에게 비난을 쏟아 내기 일쑤였습니다.

"어휴, 당신은 맨날 그 모양이야."
"얘, 게임 좀 그만하고 제발 방에 들어가서 공부 좀 해."

수연 씨의 거친 잔소리가 늘수록 남편과 아들의 표정은 어두워졌습니다. 그러던 어느 날, 수연 씨는 아들의 심리 검사 결과지를 보고 큰 충격에 휩싸였습니다. 아들의 자존감이 심리 치료를 요할 만큼 낮다는 내용이 적혀 있었기 때문입니다. 전문 기관을 찾아 상담한 끝에 수연 씨는 자신의 대화 방식을 바꿔야 한다는 조언을 받았습니다. 그날부로 그녀는 가족들을 다그치지 않고 부드럽게 묻기 시작했습니다.

"여보, 오늘 하루 어땠어? 종일 일하느라 애썼네."
"학교에서 재미있는 일 있었니? 공부하느라 힘들지?"

수연 씨는 명령 대신 질문을, 비난 대신 관심을 표현하는 시도를 몇 개월간 꾸준히 이어 갔습니다. 그 결과, 아들의 표정은 한껏 밝아졌고 남편은 "집이 편해졌다"라며 일찍 귀가하기 시작했습니다.

가족 관계를 살리는 한마디

가족 내 언어는 왜 그토록 중요할까요? 커뮤니케이션 학자 아스칸 코너와 메리 앤 피츠패트릭의 '가족 커뮤니케이션 패턴 이론'을 이해하면 답이 보입니다.

두 사람이 수천 가족을 연구한 결과, 가족 소통이 '대화 지향성'과 '동조 지향성'이라는 두 가지 차원으로 구성된다는 것을 발견했습니다.

- 대화 지향성: 가족이 얼마나 자유롭게 생각과 감정을 나누는가? 이 항목의 점수가 높을수록 자녀의 자존감과 사회성이 높다.
- 동조 지향성: 가족이 얼마나 같은 가치관과 순종을 강요하는가? 이 항목의 점수가 높을수록 자녀의 불안감이 높다.

코너와 피츠패트릭의 연구에 따르면, 대화 지향성이 높은 가족(합의형, 다원형)의 자녀들은 자존감이 높고 사회적 기술이 뛰어났습니다. 반면에 대화는 적고 순종만 강요하는 가족(보호형)의 자녀들은 불안감이 높고 의사결정 능력이 떨어졌습니다. 민철 씨와 수연 씨가 비난과 명령을 멈추고 대화 지향성을 높이자 가족 관계가 회복된 사례는 이 이론을 증명합니다. 가족 내 소통은 단순한 정보 교환의 도구가 아니라 가족 구성원의 정체성과 세상을 보는 방식을 형성하는 도구입니다.

가족은 감정의 쓰레기통이 아닙니다. 다음은 틀어진 가족 관계를 회복하는 대화의 기술입니다. 가족과 대화할 때 이 세 가지 방법을 실천해 보세요.

첫째, '현관 앞 3분 전환 의식'을 가져라

집에 들어가기 전 3분간 잠시 멈추고, 대화 모드를 전환하는 의식의 시간을 가지세요. 차 안이나 현관 앞에서 심호흡을 하며 이렇게 되뇌세요.

"나는 지금부터 가족의 일원이다. 부장도 팀장도 아니다."

이 과정을 통해 직장에서의 역할과 스트레스를 의식적으로 내려놓고, 따뜻하고 자애로운 아빠/엄마/남편/아내의 가면을 쓰세요. 이 짧은 의식이 당신이 가족에게 던질 첫마디를 완전히 바꿉니다.

둘째, '하루 한 번 긍정 질문'을 던져라

가족들에게 명령하는 대신 질문하세요. "밥 먹어", "빨리 씻어"라고 말하는 대신 "오늘 어땠어?", "좋은 일 있었어?"라고 물어보세요. 상대방에게 관심을 표현하는 따뜻한 질문은 대화의 문을 엽니다. 또한 가족의 이야기에 "정말 잘했다!", "그랬구나"라고 열정적으로 반응하세요. 긍정적인 리액션은 관계를 매일 더 좋게 만드는 비결입니다.

셋째, '가족에게도 손님을 대하듯' 쿠션 언어를 써라

가깝다는 이유로 생략했던 예의를 복원하세요. "물 떠 와" 대신 "여보, 미안한데 물 한 잔만 부탁해도 될까?", "방 좀 치워" 대신 "방이 깨끗하면 기분이 좋을 것 같은데, 정리 좀 해 줄 수 있니?"라고 말하세요. 가족을 귀한 손님처럼 대하면, 가족도 당신을 귀빈으로 대우합니다.

가족에게 하는 말이 당신의 진짜 수준을 드러냅니다. 밖에서 아무리 성공해도 집에서 존경받지 못하면 절반의 성공일 뿐입니다. 오늘 저녁, 가장 소중한 사람에게 가장 예쁜 말을 선물하세요. 그것이 당신의 품위 있는 인격을 증명할 것입니다.

02

프로는 사실과 수치를
긍정적으로 말한다

"프로페셔널은 감정으로 일하지 않고 태도로 일한다. 그 태도의
최전선에 언어가 있다."

- 피터 드러커(미국 경영학자)

"이거 급한데 빨리 처리해 주세요."
"그건 제 업무가 아닌데요."

직장에서 우리는 매일 수십 번 말을 주고받습니다. 그런데
이때 쓰는 말투 하나가 당신이 여러 해 동안 쌓아 온 전문성을
단 1초 만에 무너뜨릴 수 있다는 사실을 아시나요? 같은 내용

이라도 어떻게 말하느냐에 따라 당신은 '함께 일하고 싶은 사람'이 되기도 혹은 '피하고 싶은 사람'이 되기도 합니다.

직장은 성과를 증명하는 곳이기에 많은 직장인들이 '능력'과 '숫자'에 집착합니다. 물론 일터에서 실력은 기본입니다. 그러나 냉정한 비즈니스 세계에서 실력만큼 중요한 것이 바로 '커뮤니케이션'입니다. 아무리 업무 능력이 뛰어나더라도 거친 말투를 사용한다면 결코 '프로'로 인정받지 못합니다. 프로페셔널리즘의 완성은 동료에게 건네는 말입니다.

육아와 가사로 경력이 단절된 지 20년 만에 재취업한 영숙 씨는 젊은 팀원들의 편견과 낯선 환경에 직면했습니다. 하지만 그녀는 가정에서 쌓은 소통의 지혜를 발휘했습니다. 모르는 것은 솔직하고 겸손하게 물었고, 아랫사람의 실수는 학습 기회로 만들었습니다.

"제가 아직 새로운 업무에 익숙지 않은데 설명해 주실 수 있을까요? 배우고 싶습니다."
"그 대응은 좋은 시도였어요. 함께 놓친 부분을 체크해 볼까요?"

부드러운 대화의 내공과 오랜 세월에도 녹슬지 않은 실력이 시너지를 낸 덕분이었을까요? 재취업 1년 만에 영숙 씨는 '배려심 깊은 베테랑'으로 인정받아 팀장으로 승진하며 성공적인 복귀를 이뤄 냈습니다.

통신 회사 전략 기획팀에서 일하는 준철 씨는 출중한 능력으로 최연소 팀장 자리에 올랐습니다. 하지만 거친 말투를 사용하는 그는 팀원들의 기피 대상이었습니다.

"한 대리, 지금 몇 년 찬데 이거 하나 제대로 못합니까? 그동안 회사 허투루 다니셨네요."
"장 사원, 뇌는 장식으로 달고 다녀요?"

준철 씨의 막말 호통에 팀 내에서는 혼나느니 아무것도 하지 말자는 식의 태도가 만연했습니다. 또한 팀원들은 문제 상황을 공유하기보다 숨기는 데 급급해졌습니다. 자연스레 보고가 줄어들고 성과가 정체됐습니다. 어디서부터 잘못된 것인지 알 수 없었던 준철 씨는 입사 동기에게 답답한 속내를 털어놓았습니다. 동기는 이렇게 말했습니다.

"사실 너 요즘 회사에서 들리는 말이 안 좋아. 일은 잘하는데 말투가 거칠어서 아랫사람들 원성이 자자해. 몰랐냐?"

동기의 솔직한 조언에 준철 씨는 자신의 잘못을 깨닫고 변화를 결심했습니다. 피드백을 할 때는 감정적인 질책 대신 사실 위주로 말했고, 수정을 요청할 때는 무조건 고치라고 윽박지르기보다 구체적인 방향을 제시했습니다.

"한 대리, 3페이지 통계 수치가 작년 데이터와 다르네요. 최신 수치로 업데이트해 주세요."
"이 부분은 A 방향으로 수정하는 게 좋겠는데, 장 사원 생각은 어떤가요?"

리더가 하는 말이 바뀌자 6개월 후 팀의 성과는 급상승했고, 준철 씨는 팀원과 함께 성장하는 리더로 인정받았습니다.

기분이 태도가 되지 않는 말 습관

왜 영숙 씨의 말투는 신뢰를 만들었고, 준철 씨의 초기 말투는 독이 됐을까요? 하버드 경영대학원 에이미 에드먼슨 교수의 '심리적 안전감 이론' 속에 그 답이 숨어 있습니다.

조직 행동학과 팀 학습 분야의 세계적 권위자인 에드먼슨 교수는 조직 행동 연구의 일환으로 병원 내 팀을 대상으로 연구를 진행했습니다. 그녀는 팀워크가 좋은 팀일수록 '보고된 실수'가 더 많다는 기이한 데이터를 발견했습니다. 이러한 데이터가 나온 이유를 살펴보니, 팀워크가 좋은 팀일수록 '실수가 많이 발생'했던 것이 아니라 '실수를 솔직하게 말할 수 있는 분위기'가 형성됐기 때문이었죠. 반면에 권위적인 의사가 있는 팀의 간호사들은 비난이 두려워 자신의 실수를 숨겼습니다.

에드먼슨 교수는 심리적 안전감을 "비난받거나 처벌받는다는 두려움 없이 의견이나 실수를 말할 수 있는 믿음"이라고 정의했습니다. 연구 결과, 심리적 안전감이 높은 팀일수록 학습 행동이 활발했고 성과도 높았습니다.

조직 내 심리적 안전감을 결정짓는 핵심은 바로 리더의 '말투'입니다. 비난 섞인 말투는 상대방의 뇌에 '사회적 위협 신호'를 보내 침묵하게 만들지만, 존중과 학습 의지를 담은 언어는 방어 기제를 해제하고 문제 해결에 집중하게 만듭니다. 영숙 씨의 "배우고 싶습니다"라는 말은 상대방에게 심리적 안전감을 줬고, 준철 씨의 변화한 말투는 팀원들의 닫힌 입을 열게 했습니다.

다음은 프로답게 일하고 싶다면 갖춰야 할 세 가지 언어 습관입니다.

첫째, 사실과 수치로 말하라

"일 처리가 엉망이다", "일을 대충 했다" 같은 표현은 상대방의 감정을 자극합니다. 이러한 주관적인 표현을 객관적인 사실로 바꿔 말하세요. 상대방의 인격을 훼손하지 않고 '일' 자체만 건조하게 타격할 때, 상대방은 감정을 상하지 않고 본연의 업무에 집중할 수 있습니다.

"보고서가 엉망이네."
→ "3페이지 통계 수치가 작년 데이터와 일치하지 않습니다. 최신 수치로 수정해 주세요."

둘째, 명령조를 요청형 의문문으로 바꿔라

일방적인 지시는 반발심을 부릅니다. "해 와"를 "해 줄 수 있습니까?"로 바꾸는 것만으로도 상대방은 존중받는다고 느낍니다. 질문 형식의 말투는 상대방의 자발적 협력을 이끌어 내는 고도의 리더십 언어입니다.

"복사해 와."
→ "회의 자료 10부 복사 부탁해도 될까?"

"다시 해."

→ "이 부분은 A 방향으로 수정하는 게 좋겠는데, 자네 생각은 어떤가?"

셋째, 부정적 피드백 뒤에는 미래의 기대를 덧붙여라

상대방의 잘못을 언급해야 할 때는 말끝을 질책으로 마무리하지 말고 다음 단계에 대한 믿음과 기대를 보여 주세요.

"정신 좀 차려."

→ "이번 실수는 아쉽지만, 김 대리의 역량을 믿습니다. 다음 프로젝트에서는 더 좋은 성과를 낼 거라 기대합니다."

마지막 문장이 긍정적일 때, 사람은 질책의 쓴맛을 성장의 동력으로 삼습니다.

아마추어는 기분대로 말하고, 프로는 기분과 태도를 분리해서 말합니다. 당신의 언어가 정제될수록 당신의 업무 능력은 더 빛을 발할 것입니다.

150년 하버드대학교의
협상 비결

"가장 부드러운 것이 가장 강한 것을 이긴다. 물은 바위를 뚫지만, 바위는 물을 가두지 못한다."

- 노자

모든 세대마다 저마다의 어려움이 있지만 특히 중년 세대에게 인생은 끊임없는 협상의 연속입니다. 직장에서는 연봉과 예산을 두고 줄다리기하고, 가정에서는 배우자와 가사 분담이나 자녀 문제로 미묘한 신경전을 벌입니다. 그런데 많은 사람들이 협상을 '전쟁'으로 오해합니다. 목소리를 높여 상대를 굴복시키는 것이 승리라고 믿거나, 반대로 관계가 틀어질까 봐 두려워서 무조건 양보하는 패배주의적 태도를 보이곤 하죠.

하지만 진정한 고수는 '외유내강(外柔內剛)'의 언어를 구사합니다. 겉으로는 부드럽고 정중해 상대방의 마음을 열지만, 그 안에는 단단한 논리와 원칙이 있어 결코 만만하게 보이지 않는 화법으로 말합니다. 협상과 설득은 상대방을 이기는 기술이 아니라 상대방을 내 편으로 만들어 함께 원하는 곳으로 이동하는 예술입니다.

단단함으로 신뢰를 주고 부드러움으로 공감을 얻을 때, 불가능해 보이던 '예스'가 현실이 됩니다. 무조건 강한 것이 능사가 아니며 무조건 숙이는 것이 미덕이 아님을 깨닫는 것, 그것이 관계를 주도하는 성숙한 어른의 힘입니다.

단단함과 부드러움의 균형이 깨졌을 때와 조화를 이뤘을 때의 차이를 가정과 직장 내에서의 사례로 살펴보겠습니다.

결혼 15년 차인 은우 씨는 이번 여름휴가를 시골 본가에서 보내고 싶었습니다. 하지만 그는 아내의 의중을 묻기도 전에 통보하듯 말했습니다.

"올해는 무조건 본가로 갈 거야. 내 말에 토 달지 마."

주장의 단단함만 있고 부드러움이 빠진 강압적인 태도에 아내는 즉각 반발했습니다.

"당신은 항상 당신 생각뿐이야? 나도 마음 편히 쉬고 싶다고!"

결국 휴가 계획은 부부 싸움으로 번졌고, 두 사람은 감정의 골만 깊어진 채 아무런 합의점도 찾지 못했습니다. 은우 씨의 일방적이고 강한 주장은 아내의 방어 기제를 자극해 설득에 실패하고 말았습니다.

가전제품 회사 마케팅팀에서 팀장으로 일하는 연경 씨는 경영 악화로 팀 예산이 30퍼센트 삭감될 예정이라는 통보를 받았습니다. 그녀는 흥분하거나 사정하는 대신 임원을 찾아가 차분하게 말했습니다.

"이사님, 회사의 비상 경영 체제에 깊이 공감하며 저희 팀도 고통 분담에 동참하겠습니다(부드러움). 다만 현재 진행 중인 A 프로젝트 예산까지 일률적으로 삭감할 경우, 예상되는 매출 손실이 예산 절감액보다 큽니다(단단함). 따라서 A 프로젝트 예산은 유지하되, 기타 운영비에서 40퍼센트를 줄이는 안을 제안합니다(대안)."

연경 씨는 회사의 입장을 존중하면서도, 데이터에 기반한 주장으로 실리를 단호하게 지켰습니다. 결국 임원은 연경 씨의 합리적인 제안을 수용했고, 그는 팀의 핵심 역량을 지킬 수 있었습니다.

자기 입장 뒤에 있는 이해관계를 보라

단단하면서도 부드러운 언어는 어떻게 상대를 설득하고 협상을 성공으로 이끄는 것일까요? 이에 대한 해답은 세계적인 협상 전문가이자 하버드대학교 로스쿨 교수인 윌리엄 유리 가 정립한 '하버드 협상론'에서 찾을 수 있습니다.

유리 교수는 하수들은 겉으로 드러난 요구 사항인 '입장'을 두고 싸우느라 감정을 소모하지만, 고수들은 그 요구 뒤에 숨겨진 진짜 욕구인 '이해관계'에 집중해 '사람과 문제를 분리'한다고 설명했습니다. 즉, 사람에게는 부드럽게, 문제는 단단하게 대하는 것이 성공적인 협상의 핵심 원칙입니다.

다음은 단단하면서도 부드러운 화법으로 협상에서 상대방을 설득해 성공을 거두는 전략들입니다.

첫째, '사람'과 '문제'를 분리하는 언어를 사용하라

상대방의 인격이나 태도를 공격하지 말고, 철저히 객관적인 상황과 문제에만 집중하세요. 주어를 '당신'에서 '이 상황'이나 '우리'로 바꾸는 것이 요령입니다.

"당신은 왜 맨날 예산을 깎으려고만 합니까?"

→ "현재의 예산 삭감안은 프로젝트의 품질을 저하시킬 위험이 있습니다. 이 문제를 함께 해결하고 싶습니다."

상대방을 비난하지 않으면서 문제의 심각성을 알릴 때, 상대방은 방어벽을 허물고 당신의 말에 귀를 기울이게 됩니다.

둘째, '그렇군요, 그리고' 화법으로 공감 후 주장을 펼쳐라

상대방의 말에 반대할 때 "하지만"을 사용하면 앞에서 언급한 긍정의 메시지가 모두 부정됩니다. 그 대신 "그렇군요, 그리고 거기에 이 점을 더하면 어떨까요?"라고 연결하세요. 이런 표현은 상대방의 입장을 존중하면서도 내 의견을 관철하는 부드러운 힘을 발휘합니다.

"이사님 말씀도 맞습니다. 하지만 그건 어렵습니다." (대립)

→ "이사님 말씀도 타당합니다. 그리고 여기에 A안을 더하면 리스크를 줄이면서 효율을 높일 수 있습니다." (확장)

이 화법은 나와 의견이 다른 상대방을 적으로 돌리지 않고 파트너로 만듭니다.

셋째, 단단한 근거 위에 부드러운 '청유형' 문장을 얹어라

자료와 근거는 치밀하고 단단하게 준비하되, 말끝은 권유나 요청의 형태로 부드럽게 맺으세요. 강요하는 말투는 반발을 부르지만, 청유하는 말투는 자발성을 부릅니다.

"내 말대로 하는 게 맞아." (강요)
→ "데이터를 볼 때 이 방향이 가장 효율적이라고 판단됩니다. 부장님의 생각은 어떠십니까?" (존중)

확신에 찬 근거를 제시한 뒤 결정권을 상대에게 넘겨주는 듯한 태도를 취할 때, 상대방은 당신의 자신감을 신뢰하고 스스로 설득당하는 길을 선택합니다.

협상은 목소리 큰 사람이 이기는 게임이 아닙니다. 상대방의 마음을 헤아리는 부드러운 귀와 자신의 원칙을 지키는 단단한 입을 가진 사람이 이기는 자리입니다. 오늘 누군가를 설득해야 한다면, 비난의 칼을 내려놓고 공감의 방패와 논리의 창을 들어 올리세요. '당신의 입장을 이해합니다. 그리고 이것이 우리의 최선입니다'라는 태도가 당신을 협상의 진정한 승리자로 만들 것입니다. 품격 있는 설득은 적을 만들지 않고도 승리를 거둡니다.

> **04**

첫 만남 첫 7초간
해야 하는 표정과 말

"말을 알지 못하면 사람을 알 수 없다."

- 공자

"처음 뵙겠습니다."

새로운 사람을 만나는 순간, 우리는 이 짧은 인사말과 함께 관계의 기로에 섭니다. 심리학 연구에 따르면, 인간은 단 7초 만에 상대에 대한 첫인상을 결정합니다. 신뢰, 호감, 파트너십 여부가 한 문장의 말을 나누기 전에 결정되는 것입니다.

그런데도 많은 사람들이 첫 만남을 준비 없이 맞이합니다.

'그냥 자연스럽게 하면 되지.'

하지만 진정한 자연스러움은 철저한 준비에서 나옵니다. 첫 인상은 단 한 번 주어지는 기회이며, 이를 결정하는 가장 강력한 도구는 바로 '첫 7초의 언어'입니다. 당신이 어떤 표정과 어떤 말을 선택하느냐가 이후 관계의 방향을 결정합니다. 그러므로 외모를 다듬듯 언어도 설계해야 합니다.

영미 씨는 중학생 아들의 학부모 모임에 처음 참석했습니다. 그녀는 미리 준비한 대로 말했습니다.

"안녕하세요. 이번에 새로 합류하게 된 지훈이 엄마입니다. 아이가 새 학교에 적응하느라 저도 함께 긴장하고 있는데, 경험 많으신 선배님들을 만나 든든합니다. 앞으로 잘 부탁드립니다."

영미 씨는 미소를 지으며 모임에 참석한 학부모들과 눈을 맞췄습니다. 모임이 끝나자 여러 학부모가 그녀에게 다가와 "첫인사가 참 따뜻하셨어요"라며 연락처를 교환했습니다. 영미 씨는 신경 써서 준비한 말투 덕분에 첫 만남에서 '겸손하고 진솔한 사람'이라는 인상을 남겼습니다.

동종 업계의 다른 회사로 이직하며 새로운 팀을 맡게 된 준우 씨는 첫 출근을 하기 전 팀원들의 이름과 성과를 미리 공부했습니다. 첫 회의에서 그는 이렇게 말했습니다.

"안녕하십니까. 지난 분기 목표를 115퍼센트 달성한 여러분과 일하게 돼 영광입니다. 특히 박 대리님의 데이터 분석과 최 과장님의 고객 응대는 업계에서 유명했는데 이번 기회에 꼭 배우고 싶습니다."

준우 씨는 각 팀원의 강점을 구체적으로 언급했습니다. 팀원들은 그를 "준비된 리더"라고 부르며 새로 부임한 리더를 신뢰했습니다. 준우 씨는 첫 7초의 언어로 자신의 리더십을 증명했습니다.

준비된 사람이 반드시 하는 세 가지

첫인상의 언어를 설계하는 것이 왜 그토록 중요할까요? 2,500년 전 중국 군사 전략가 손자가 저술한 《손자병법》의 '선승구전(先勝求戰)'에서 그 답을 찾을 수 있습니다. 손자는 춘

추 시대 오나라의 군사 전략가로, 전쟁을 하책(下策)이라 여겼고 가장 좋은 승리는 싸우지 않고 이기는 것이라 강조했습니다. '선승구전'이란 '먼저 승리할 수 있는 조건을 만들어 놓은 뒤에 싸움을 구한다'라는 뜻입니다. 즉, 전쟁터에 나가서 칼을 휘두르며 승패를 겨루는 것이 아니라 전쟁을 시작하기 전에 이미 '이길 수밖에 없는 형세'를 만들어 놓고 나아가야 한다는 말이죠. 손자는 다음과 같이 말했습니다.

"이긴 군대는 먼저 이겨 놓고 싸우려 하고, 패하는 군대는 먼저 싸움을 걸어 놓고 요행히 이기기를 바란다."

이를 인간관계에 적용하면, 첫 만남 전에 상대방의 마음을 얻을 수 있는 조건을 미리 언어로 구축하는 것이 좋은 첫인상을 만드는 비결입니다. 준비 없이 나가는 것은 패병의 전략이지만, 영미 씨와 준우 씨처럼 첫마디와 태도를 미리 설계하는 것은 '선승구전'의 전략입니다. 두 사람 모두 철저히 준비한 덕분에 새로운 사람들을 만나는 순간 이미 마음을 얻었죠.

손자가 강조한 덕목이 또 하나 있습니다.

"지피지기 백전불태(知彼知己 百戰不殆)"

상대방을 알고 나를 알면 위태롭지 않다는 뜻입니다. 첫인상 설계란 내가 보여 주고 싶은 모습(지기)과 상대방이 듣고 싶은 말(지피)을 조율하는 과정입니다. 이 치밀한 준비가 만남의 불확실성을 제거하고 관계의 주도권을 쥐게 합니다.

영미 씨의 사례를 보면, 그녀는 손자의 '선승구전'을 완벽히 실천했습니다. "아이가 새 학교에 적응하느라 긴장하고 있다"라는 솔직한 고백과 "선배님들을 만나 든든하다"라는 겸손한 태도는 준비된 진심이었습니다. 사람들은 그 진심을 감지했고, 그녀를 신뢰하게 됐습니다.

준우 씨의 경우도 마찬가지입니다. 그는 처음 만나는 팀원들의 이름과 업무, 구체적인 성과 수치까지 미리 공부했습니다. 이것은 '지피지기'의 실천이었습니다. "함께 일하게 돼 영광입니다"라는 말도 즉흥적인 수사가 아니라 팀원들을 진심으로 존중하겠다는 의도를 담은 전략적 언어였습니다. 각 팀원의 강점을 구체적으로 언급한 것은 준우 씨가 함께 일할 사람들을 진심으로 관찰하고 인정한다는 증거였습니다. 팀원들은 그의 준비된 언어에서 신뢰를 느꼈고, 그를 리더로 받아들였습니다.

첫 만남을 앞두고 조금만 신경을 쓰면 상대방의 호감을 한

눈에 살 수 있습니다. 다음의 3단계를 통해 긍정적인 첫인상을
완성하세요.

1단계, '세 가지 사전 정보'를 미리 파악하라

첫 만남 전, 상대방에 대해 세 가지 정보를 미리 알아보세요.
이름, 관심사 또는 역할, 최근 성과입니다.

'이 학교의 특색은 무엇인가?'
'상대 회사의 최신 뉴스는 무엇인가'

이 정보들을 말로 녹여 내면 상대방은 당신을 '준비된 사람'으
로 기억합니다. 손자가 말한 '지피지기'가 여기서 시작됩니다.

2단계, '진심'과 '구체성'이 담긴 자기소개를 준비하라

자기소개를 할 때 형식적인 인사를 하는 대신 진심과 구체성
을 담아 말하세요. 다음은 진심과 구체성을 담은 자기소개 문
장의 공식입니다.

"저는 [이름]입니다+[이 자리에 온 진심이 담긴 이유]+[상대
방에 대한 구체적 인정]+[협력 의지]."

→ "저는 ○○○입니다. 이번 프로젝트에 참여하게 돼 영광입니다. ○○ 님의 제안서를 보고 배울 점이 많았습니다. 함께 좋은 결과를 만들고 싶습니다."

3단계, '눈 맞춤+미소+이름 호명'의 3박자를 갖춰라

언어는 내용만큼 전달 방식이 중요합니다. 첫 만남 자리에서 대화를 나눌 때 상대방을 바라보며(눈 맞춤), 진심으로 웃고(미소), 대화 중 상대방의 이름을 부르세요(호명).

"○○ 님, 말씀하신 부분에 깊이 공감합니다."

이름을 부르면 상대방은 존중받는다고 느낍니다. 이 3박자가 맞을 때 비로소 진심이 전달됩니다.

정교하게 준비된 언어는 배신하지 않습니다. 전쟁의 승패가 칼을 뽑기 전에 결정되듯, 관계의 승패는 입을 열기 전에 결정됩니다. 오늘 새로운 만남을 앞두고 있다면, 거울 앞에서 옷을 고르듯 당신의 언어를 신중히 설계하세요. 첫 만남의 언어를 세심히 준비하는 사람이 관계의 주도권을 갖습니다.

05

3초 멈춘 후
상대방의 얼굴을 상상하라

"군자는 보이지 않는 곳에서도 스스로를 삼가고, 들리지 않는 곳에서도 스스로를 두려워한다."

- 《중용》

"이 사람 진짜 답답하네."

"ㅋㅋㅋ 웃기고 있네."

"이것도 모르세요?"

스마트폰 화면 위에서 우리는 무심코 이런 날 선 말들을 쏟아 냅니다. 화면 너머로 '익명성'이 보장되고, 상대방의 얼굴은 보이지 않으며, 내일 당장 다시 만날 일이 없다는 묘한 안도감이 우리의 손가락을 평소보다 더 빠르고 거칠게 움직이도록 만듭니다. 현실 세계에서는 점잖은 부장님이고 상냥한 이웃이다가도 온라인 접속 버튼을 누르는 순간 전혀 다른 인격체로 돌변하곤 합니다.

하지만 온라인상의 댓글 말투 역시 당신의 인격입니다. 아니, 오히려 사회적 가면을 벗어던진 온라인 공간에서 사용하는 언어야말로 당신의 '진짜 인격'을 가장 적나라하게 드러내는 거울입니다.

요즘 많은 사람들이 온라인을 현실과 분리된 '배설의 공간'으로 착각합니다. 현실이 아니니 좀 거칠게 말해도 괜찮고, 닉네임 뒤에 숨었으니 내 말에 책임지지 않아도 된다고 생각합니다. 그러나 온라인은 가상 공간이 아니라 '확장된 현실'입니다. 그곳에 적힌 언어는 영구히 기록되는 '디지털 문신'으로 남아 누군가에게 씻을 수 없는 상처를 주고, 결국에는 당신의 평판으로 부메랑처럼 돌아옵니다. 아무도 보지 않는 곳에서 당신이 선택한 언어가 당신의 진정한 수준을 말해 줍니다.

초등학생 딸을 키우는 미정 씨는 맘카페에서 아이들 현장 학습 비용이 비싸다는 글에 발끈했습니다. 자신이 학부모 준비

위원이었기 때문입니다. 감정이 상한 미정 씨는 부랴부랴 날선 댓글로 쏘아붙였습니다.

"아니, 그럼 다른 학교로 전학 가시든가요. 준비하는 사람 마음도 모르고 기분 나쁘네요."

이런 미정 씨의 댓글에 원글을 쓴 사람이 불쾌함을 드러내는 댓글을 달았고, 두 사람 사이에는 몇 차례 격앙된 문장이 오갔습니다. 다음 날 해당 게시물은 조용히 삭제됐지만, 미정 씨가 종종 참석하는 학부모 모임에서는 맘카페에서 벌어진 논쟁이 여전히 화제였습니다.

"소희 엄마, 근데 그거 혹시 자기야? 아이디가 소희 엄마 같던데… 아니지? 그 글 캡처 이미지, 우리 아파트 커뮤니티에도 올라와서 지금 엄청 욕먹고 있잖아. 그렇게까지 반응할 일이냐면서…."

평소 친하게 지내던 학부모의 말에 미정 씨는 얼굴이 화끈거렸습니다. 미정 씨의 댓글은 캡처 이미지로 남아 그녀를 '공격적인 사람'으로 낙인찍었습니다.

5성급 호텔에서 수석 매니저로 일하고 있는 성철 씨는 개인 일정을 이유로 주말 출근 스케줄을 조정해 달라고 요청하는 팀원에게 이렇게 회신 메시지를 보냈습니다.

"은지 씨, 주말은 더 바쁜데 개인 일정으로 스케줄을 바꿔 달라는 겁니까? 회사 일이 먼저 아닌가요? 그거참, 요즘 젊은 사람들은 책임감이 없네."

이 일이 있고 얼마 후, 성철 씨는 사내 인사팀으로부터 경고를 받았습니다. 팀원이 성철 씨가 보낸 메시지를 캡처해 직장 내 괴롭힘으로 인사팀에 신고했기 때문입니다.

"괴롭히려는 의도가 있던 게 아니라 메신저니까 가볍게 말했을 뿐입니다."

성철 씨는 어안이 벙벙해 인사 담당자에게 항의했습니다. 하지만 변명은 통하지 않았습니다. 같은 일이 재발하면 그때는 다음 고과에서 불이익을 받을 수 있다는 경고만 되돌아왔습니다.

아무도 없는 곳에서 나오는 인격의 값

왜 우리는 온라인에서 더 거칠고 공격적으로 말하게 되는 것일까요? 2,500년 전에 쓰인, 동양 철학의 정수를 담은 《중용》에는 '신독(慎獨)'이라는 개념이 나옵니다. 이는 '홀로 있을 때(獨)도 도리에 어긋나지 않도록 몸가짐을 삼가는(慎) 것'을 의미합니다. 옛 군자들은 남들이 보는 앞에서는 누구나 선한 척 연기할 수 있지만, 아무도 보지 않는 어두운 방 안에 홀로 있을 때야말로 그 사람의 본성이 드러난다고 믿었습니다.

그래서 남의 시선 때문이 아니라 자신의 양심을 지키기 위해 보이지 않는 곳에서도 스스로의 말과 행동을 엄격히 경계했습니다. 동양 철학의 또 다른 경전인 《대학》에서도 이를 두고 다음과 같이 경고했습니다.

"열 개의 눈이 보고 있고 열 개의 손가락이 가리키고 있으니, 이 얼마나 엄중한가!"

오늘날 온라인 세상은 전 세계 수십억 개의 눈이 지켜보는 공간입니다.

현대 심리학의 '온라인 탈억제 효과'는 이러한 신독의 부재를 과학적으로 설명합니다. 미국 임상심리학자 존 술러 박사는 온라인 공간의 특성인 익명성, 비가시성, 비동시성 등이 사람들의 심리적 방어 기제를 해제시킨다고 분석했습니다. 상대방의 눈을 보지 않으니 미안함을 덜 느끼고, 즉각적인 반응을 보지 않으니 책임감에서 도피하게 되는 것입니다.

'아무도 나를 모를 것'이라는 착각이 내면의 억눌린 공격성을 표출하게 만드는 '독성 탈억제'를 일으킵니다. 하지만 기억하세요. 그 억제가 풀리는 순간 튀어나온 언어가 바로 당신의 인격이라는 사실을요. 온라인에서 사용하는 언어는 당신의 '디지털 명함'이자 '인격 증명서'입니다.

다음은 온라인상에서 상대방에 대한 예의를 지키고 존중하기 위한 언어 습관 훈련법입니다.

첫째, '3초 멈춤' 후 '얼굴 상상하기'를 실천하라

온라인 공간에 무언가를 써서 업로드하기 전, 전송 버튼 위에서 손가락을 멈추고 딱 3초만 기다리세요. 그리고 스스로에게 두 가지 질문을 던지세요.

'이 말을 상대방의 눈을 보고 직접 할 수 있는가?'
'내가 사랑하는 사람들이 이 글을 봐도 부끄럽지 않은가?'

만약 그 대답이 "아니요"라면, 그 글은 과감히 지워야 합니다. 모니터 너머에 실체를 가진 '사람'이 있음을 기억하고, 상대방의 이름을 속으로 불러 보는 것만으로도 언어는 놀랍도록 순화됩니다.

둘째, 비난 대신 '사실-영향-제안'의 구조로 말하라

온라인은 오해가 생기기 쉬운 공간입니다. 감정적인 비난 대신 논리적이고 건설적인 구조로 의견을 전달하세요.

- 사실: 관찰 가능한 객관적 내용만 적시합니다.
→ "현재 안내판의 글씨가 작아 어르신들이 읽기 힘들어하십니다."

- 영향: 그것이 미치는 구체적 영향을 연결합니다.
→ "그래서 입구의 혼잡이 늘어나고 안전사고 위험이 있습니다."

- 제안: 실행 가능한 대안을 제시합니다.
→ "큰 글씨 안내판으로 교체하는 것을 제안합니다."

'사실-영향-제안'의 구조적 말하기는 인신공격을 배제하고 문제를 해결하는 품격 있는 대화를 만듭니다.

셋째, '디지털 신독' 원칙을 일상화하라

온라인은 아무도 없는 골방이 아니라 만인이 지켜보는 광장입니다. 누가 보든 안 보든 당신의 언어는 당신을 드러냅니다. 감정이 격해져서 쓴 글은 '24시간 숙성' 시키세요. 어떤 글이든 하루 뒤에 다시 읽어 보면 대부분 수정하거나 삭제하게 됩니다.

또한 비판해야 한다면, 반드시 긍정적인 면을 먼저 언급하는 '샌드위치 화법'을 사용하세요. '이 글이 내일 아침 신문 1면에 실려도 괜찮을까?'라고 자문하는 습관을 들인다면 보이지 않는 곳에서도 품격 있는 언어를 사용하게 됩니다.

보이지 않는 곳에서 사용하는 언어가 당신의 진짜 인격을 드러내며, 그것은 디지털 세상에 영원히 남아 당신을 평생 따라다닙니다. 익명성 뒤에 숨어 당신의 귀중한 인격을 헐값에 팔지 마세요.

5장

예의는 거리에서 지켜진다

감정 분리부터 침묵의 기술까지

01

똑같이 반응하면
나도 그 사람과 같아진다

"남이 나를 향해 욕설을 퍼붓더라도 내가 그것을 받지 않으면 그
욕설은 결국 욕한 자에게로 되돌아간다."

- 《아함경》

우리는 살면서 예기치 않게 인격을 존중하지 않는 말과 마주
합니다. 직장에서 상사가 던진 날 선 비난, 시댁 식구의 은근
한 비교, 동료가 건넨 가벼운 조롱 같은 말들이요. 그 순간 우
리는 본능적으로 두 가지 반응을 떠올립니다.

'똑같이 받아칠 것인가, 아니면 참고 삼킬 것인가.'

하지만 여기, 제3의 길이 있습니다. 바로 품격으로 대처하는 것입니다. 품격 있는 대처란 상대방의 무례함에 휘둘리지 않으면서도, 나의 존엄을 지키는 방식입니다. 이것은 감정을 억누르는 것도, 회피하는 것도 아닙니다. 상대방이 품성의 바닥을 보일 때 나는 그 바닥으로 내려가지 않고, 나의 높이를 고수하는 것. 이것이 바로 인격의 격차를 증명하는 길입니다.

패션 잡지사에서 피처 에디터로 일하는 주연 씨는 탁월한 기획력으로 업계에서 유명했습니다. 그런데 얼마 전 새로 부임한 팀장이 월례 아이템 회의에서 그녀가 제출한 기획서를 보더니 이렇게 말했습니다.

"주연 씨, 이게 뭐예요? 이런 걸 기획서라고 내셨어요?"

팀장의 날카로운 목소리에 회의실이 순간 조용해졌습니다. 생각지 못한 질타에 주연 씨는 얼굴이 화끈거렸고, 심장이 빠르게 뛰었습니다. 하지만 그녀는 바로 반응하지 않고 3초간 깊게 심호흡했습니다. 그리고 나서 차분하게 말했습니다.

"팀장님께서 보시기에 부족한 부분이 있으셨군요. 구체적으로 어느 부분이 보완되면 좋을지 말씀해 주시면, 다시 검토해서 올리겠습니다."

그 순간 냉랭했던 회의실 분위기가 바뀌었습니다. 흔들림 없는 주연 씨의 태도에 팀장은 잠시 당황한 듯했고, 침착하고 여유 있는 주연 씨를 향한 동료들의 표정에는 존중의 빛이 어렸습니다.

고3 수험생 딸을 둔 현주 씨에게는 늘 뼈 있는 농담을 던지는 이웃이 한 명 있었습니다.

"현주 씨네 딸내미는 학원에 안 다녀도 모의고사 성적이 좋다며? 우리 애는 돈을 쏟아부어도 안 되던데, 역시 머리는 타고나야 하나 봐."

예전의 현주 씨는 이런 말을 들으면 당황스러워서 어찌할 바를 몰랐습니다. 하지만 그녀는 온화하지만 단호한 표정으로 이렇게 말했습니다.

"과찬이세요. 그런데 그 말씀은 아이의 노력을 운으로만 돌리는 것 같아 조금 섭섭하게 들리네요."

이웃은 자신의 의도가 간파당하자 얼굴이 붉어졌고, 그 뒤로 더 이상 현주 씨에게 무례한 농담을 하지 못했습니다.

상대방의 말을 받을지 받지 않을지 선택하라

무례한 말에 품격으로 대처하는 지혜는 2,500년 전 초기 불교 경전인 《아함경》에 기록된 '붓다와 악담하는 바라문'의 일화에서 극적으로 드러납니다.

어느 날, 한 바라문이 붓다를 찾아와 입에 담지 못할 욕설을 퍼부었습니다. 붓다는 평온한 얼굴로 그가 말을 마칠 때까지 침묵을 지켰습니다. 바라문이 지쳐서 숨을 몰아쉬자, 붓다는 조용히 물었습니다.

"바라문이여, 그대 집에 손님이 찾아오면 음식을 대접하는가?"
"물론이다."
"만약 그 손님이 그대가 차린 음식을 먹지 않겠다고 거절한다면, 그 음식은 누구의 것이 되는가?"
"그야 당연히 다시 내 것이 되지."

그러자 붓다는 미소를 지으며 말했습니다.

"그와 같다. 그대는 나에게 욕설이라는 음식을 차려 주었으나, 나는 그것을 먹지 않겠다. 그러니 그대가 뱉은 그 욕설은 오롯이 다시 그대의 것이 됐다."

이 일화는 무례한 사람들이 자신의 내면에 있는 분노, 열등감, 불안을 타인에게 배설하려 한다는 것을 보여 줍니다. 이때 우리가 화를 내거나 상처를 받으면, 그것은 상대방이 던진 오물을 내가 받아먹는 꼴입니다. 상대방이 아무리 거친 말을 던져도 내가 심리적으로 동의하지 않고 반응하지 않으면, 그 말은 공중에서 갈 곳을 잃고 결국 발화자에게 되돌아갑니다.

무례한 말에 똑같이 반응하면, 결국 나도 그 말을 던진 사람과 같은 수준에 머뭅니다. 심리학자 대니얼 골먼이 제시한 '감정 전염 이론'에 따르면, 사람은 상대방의 감정에 쉽게 동화됩니다. 하지만 품격 있는 사람은 이 감정의 사슬을 끊을 줄 압니다. 상대방의 무례함을 나의 감정으로 받아들이지 않고, 한 걸음 떨어져서 관찰하죠. 그러고 나서 나의 중심에서 비롯된 생각과 감정에 따라 응답합니다.

하버드 협상론을 정립한 것으로 유명한 윌리엄 유리 교수는

"상대방이 공격할 때, 가장 강력한 무기는 침착함"이라고 말했습니다. 침착함은 상대방의 기대를 무너뜨립니다. 무례한 말을 던진 사람은 당신이 감정적으로 반응하기를 기대합니다. 하지만 당신이 품격 있게 대응하면, 상대방은 오히려 당황하게 됩니다. 결국 대화의 주도권은 감정적으로 흔들리지 않은 당신에게 넘어옵니다.

무례한 말에도 흔들리지 않고 품위 있게 대응하는 세 가지 방법이 있습니다.

첫째, 3초간 멈추고, '감정'이 아닌 '사실'에 집중하라

무례한 말을 들었을 때, 바로 반응하지 말고 3초만 멈추세요. 그 짧은 시간이 감정과 이성을 분리하는 결정적 순간입니다. 그리고 나서 상대방의 말 중 '사실'만 골라내세요. 가령 "당신은 맨날 이 모양이네요"라는 말을 들었다면, 감정적인 부분은 무시하고 "지금 이 부분이 불편하다는 말씀이시군요"라고 사실 중심으로 대화의 흐름을 재구성하세요.

둘째, '나는~' 메시지로 경계를 세워라

무례한 말에 맞서 싸우지 말고, 나의 경계를 분명히 세우세요. "왜 그렇게 말하세요?"가 아니라 "저는 그런 식으로 이야기하는 것이 불편하네요"라고 말하세요. 이것은 상대방을 공격하지 않으면서도, 나의 선을 명확히 긋는 방법입니다. 가령 시어머니가 "요즘 며느리들은 다 이렇게 밥도 못해?"라고 말한다면, "어머니, 저는 최선을 다하고 있어요. 더 나은 방법이 있다면 알려 주세요. 감사히 배우겠습니다"라고 품격 있게 대응하세요.

셋째, '침묵'과 '비언어적 표현'으로 품격을 보여라

때로는 3~5초간 아무 말도 하지 않고 상대방의 눈을 차분히 응시하는 것만으로도 충분합니다. 이 침묵은 '당신의 말에 동의하지 않습니다'라는 가장 강력한 비언어적 경고입니다. 천천히 숨을 내쉬며 상체를 반 뼘 뒤로 빼거나, 노트를 펼치거나, 컵을 정돈하는 등의 중립적 제스처로 대화의 속도를 늦출 수도 있습니다. 비언어적 표현은 말보다 먼저 긴장을 낮춰 줍니다.

타인이 던진 무례한 말은 결코 나를 흔들 수 없습니다. 내면의 평온과 지혜를 선택할 때, 비로소 외부의 어떤 공격도 우리를 침범할 수 없음을 깨닫게 됩니다. 이를 통해 스스로의 존엄성을 지키는 것은 물론, 더욱 성숙한 인격으로 나아가는 길이 열릴 것입니다.

02

무례한 말에는
짧게 대답하고 뒤돌아서라

"사람은 고슴도치와 같다. 너무 가까이 다가가면 가시에 찔리고,
너무 멀어지면 춥다. 예의란 서로를 찌르지 않으면서 따뜻함을
유지하는 최적의 거리다."

- 아르투어 쇼펜하우어(독일 철학자)

무례한 말 앞에서 우리는 종종 '맞서 싸워야 한다'는 강박에
사로잡힙니다. 참으면 지는 것 같고, 물러서면 비겁한 것 같기
때문이죠. 하지만 상대방의 무례함에 일일이 반응하는 것은
용기가 아니라 감정 낭비일 뿐입니다.

거리 두기는 회피가 아닙니다. 그것은 나의 감정과 에너지

를 소중히 여기는 선택입니다. 품격 있는 사람은 상대방의 말투에 끌려가지 않습니다. 그 대신 한 발 물러서서 상황을 관찰하고, 자신에게 이로운 방식으로 대응합니다. 이것이야말로 싸우지 않고도 이기는 가장 강력한 전략입니다.

공기업 홍보실에서 베테랑 홍보맨으로 20년간 일해 온 경수 씨는 최근 몇 달간 같은 팀 후배 과장의 무례한 태도에 시달렸습니다. 회의 중 후배 과장은 매번 경수 씨의 신경을 거스르는 말을 공개적으로 던졌습니다.

"박 부장님, 요즘 시대에 그런 식의 언론 대응은 구식 아닌가요?"

경수 씨는 후배 과장의 지적이 썩 유쾌하지는 않았지만 처음에는 젊은 사람의 패기라고 생각하며 가급적 참았습니다. 하지만 후배 과장의 비난은 차츰 수위를 넘어섰고 그때마다 경수 씨는 점점 분노가 쌓여 갔습니다. 회의 때마다 특별한 이유 없이 무조건 반론만 제기하는 후배 과장을 상대하다 보면 자괴감이 들어 일할 의욕도 사라졌습니다.

어느 날, 경수 씨는 문득 이런 생각이 들었습니다.

'굳이 저 사람과 같은 선에서 싸울 필요가 있을까?'

그는 더 이상 후배 과장의 말에 즉각 반응하지 않기로 결심했습니다. 회의에서 무례한 발언이 나오면, 잠시 침묵한 뒤 짧게 답했습니다.

"그 의견은 참고하겠습니다."

그리고 회의가 끝난 후, 꼭 필요한 경우에만 개별적으로 후배 과장을 불러 조용히 이야기했습니다.

"업무적인 의견은 언제든 환영하지만, 표현 방식은 서로 존중했으면 합니다."

경수 씨가 흔들림 없이 단호한 태도를 보이자 놀라운 일이 일어났습니다. 후배 과장은 더 이상 공개적으로 무례하게 굴지 못했죠. 경수 씨가 감정적으로 반응하지 않자 오히려 무례한 말을 꺼낸 후배 과장이 겸연쩍은 표정을 지으며 불편해했습니다. 경수 씨는 상대방과 싸우지 않았지만, 자신의 품격과 권위를 지켰습니다.

지은 씨는 가족 행사 때마다 형님의 은근한 비아냥거림으로 커다란 스트레스를 받았습니다. 지은 씨 딸이 공부를 잘하다 보니 친척들이 모이면 자연스레 지은 씨 딸을 칭찬하고는 했는데, 그때마다 형님은 늘 비꼬는 말투로 지은 씨에게 이렇게 말했습니다.

"동서는 지현이가 공부를 잘하니 걱정이 없겠어. 사실 우리 애들 클 땐 사교육이란 게 있었나. 다들 알아서 공부했지. 근데 요즘은 다들 학원을 많이 보내니까 못할 수가 없는 거 아냐?"

예전의 지은 씨는 형님의 뾰족한 말투에 안절부절못하며 방어적으로 대응했습니다. 하지만 이번에는 달랐습니다. 그녀는 형님의 말에 웃으며 "그렇군요"라고만 짧게 답하고, 자연스럽게 다른 주제로 화제를 돌렸습니다. 형님이 다시 비슷한 말을 꺼내려 하자, 지은 씨는 부드럽지만 단호하게 말했습니다.

"형님, 오늘은 애들 성적 이야기보다 우리 건강 이야기나 나눠요. 저번에 김장하시다가 허리 삐끗하셨잖아요. 요즘 허리는 좀 어떠세요?"

지은 씨는 더 이상 형님의 말에 감정적으로 휘말리지 않았습니다. 단호한 태도로 대화의 주도권을 가져왔고, 자신이 원하는 방식으로 가족 모임의 대화를 이끌었습니다. 지은 씨 역시 상대방과 싸우지 않고서도 자신의 경계를 지켰습니다.

너무 멀면 외로워지고, 너무 가까우면 상처받는다

인간관계에서 왜 '적당한 거리'가 무례함에 대한 최고의 방어책일까요? 이에 대한 답은 독일 철학자 아르투어 쇼펜하우어가 1851년에 발표한 우화 '고슴도치 딜레마'에서 찾을 수 있습니다.

어느 추운 겨울날, 고슴도치 무리가 추위를 피하기 위해 서로에게 가까이 다가갔습니다. 그들은 서로의 체온으로 따뜻해지기를 원했지만, 가까이 갈수록 서로의 날카로운 가시에 찔려 고통스러워했습니다. 놀란 고슴도치들은 황급히 떨어졌습니다. 하지만 잠시 후 추위가 다시 몰려오자 그들은 다시 모여들었고, 또다시 가시에 찔리는 고통을 겪었습니다.

고슴도치들은 '추위(고독)'와 '가시(상처)' 사이에서 오락가락하며 딜레마에 빠졌습니다. 많은 시행착오 끝에, 마침내 그들은 서로의 가시에 찔리지 않으면서도 서로의 온기를 느낄 수 있는 '최적의 거리'를 찾아냅니다. 쇼펜하우어는 이 거리를 인간 사회의 '정중함'과 '예의'라고 정의했습니다.

쇼펜하우어의 통찰은 오늘날 우리에게 중요한 시사점을 건 넵니다. 무례한 사람이란 '가시가 유난히 길고 뾰족한 고슴도 치'와 같습니다. 그들은 자신의 내면적 결핍이나 열등감 때문 에 타인을 뾰족한 말로 찌릅니다. 이때 우리가 할 수 있는 최 선의 선택은 그들의 가시를 뽑아 버리러 싸우는 것도 아니고, 추위에 떨며 도망가는 것도 아닙니다. 바로 '가시에 찔리지 않 는 안전한 거리'를 유지하는 것입니다.

쇼펜하우어는 이렇게 말했습니다.

"거리를 두면 비록 서로의 온기는 줄어들지 몰라도, 적어도 가시에 찔릴 일은 없다."

우리가 무례한 사람에게 예의를 갖추고 거리를 두는 것은 나 를 찌르려는 상대방의 가시로부터 내 영혼을 보호하는 가장 지성적인 생존 전략입니다.

미국 심리학자 브레네 브라운은 경계와 관대함의 관계를 이 렇게 정의했습니다.

"경계는 관대함의 반대가 아니라 관대함을 가능하게 하는 것 이다."

경계가 없으면 우리는 상대방의 감정과 행동에 계속 휘둘립니다. 그리고 결국 지쳐서 분노하거나 관계를 완전히 끊어버립니다. 하지만 적절한 거리 두기는 다릅니다. 상대방을 완전히 차단하지 않으면서도, 나의 감정을 보호하죠. 즉, 적절한 거리 두기는 관계를 유지하면서도 나를 지키는 균형의 기술입니다.

품격을 잃지 않고도 적당한 거리를 두는 세 가지 방법을 알려 드립니다.

첫째, '반응' 대신 '관찰'을 선택하라

무례한 말을 들었을 때, 즉각 반응하고 싶은 충동이 들기 십상입니다. 하지만 잠시 말과 행동을 멈추고 관찰자의 시선으로 상황을 바라보세요. '저 사람은 지금 왜 저런 말을 할까?', '저 말의 진짜 의도는 무엇일까?' 이렇게 한 걸음 떨어져서 보면, 상대방의 말이 나를 공격하는 것이 아니라 상대방 자신의 문제를 드러내는 것임을 알게 됩니다.

둘째, 짧게 답하고 주제를 전환하라

무례한 말에 길게 설명할 필요가 없습니다. 대신 "그렇군요", "참고하겠습니다", "그럴 수도 있겠네요" 같은 짧은 답변으로 대화를 끝내세요. 그리고 자연스럽게 다른 주제로 화제를 돌리세요. 이것은 상대방의 무례함에 동의하는 것도, 굴복하는 것도 아닙니다. 단지 그 주제에 더 이상 에너지를 쓰지 않겠다는 선택입니다.

셋째, 필요하면 명확히 경계를 선언하라

때로는 분명한 경계 선언이 필요합니다. "저는 그런 방식의 대화가 불편합니다", "업무 이야기는 환영하지만, 인격적인 평가는 사양하겠습니다", "오늘은 그 주제 말고 다른 이야기만 했으면 좋겠어요"라고 말하세요. 이런 문장은 공격적이지 않으면서도, 나의 선을 명확히 그어 줍니다. 중요한 것은 감정을 담지 않고 사실만 전달하는 것입니다.

감정적으로 대응하는 대신 한 발 물러서면, 당신의 품격은 더 높아집니다. 거리 두기는 나를 지키는 가장 현명한 선택임을 꼭 기억하세요. 이러한 지혜로운 거리 두기는 당신의 마음을 평온하게 지키는 동시에, 타인에게는 당신이 존중받아 마땅한 사람이라는 강력한 메시지를 전달합니다.

03

이기려 하지 않는 마음이
내 자존심을 지켜 준다

"백 번 싸워 백 번 이기는 것은 최선이 아니다. 싸우지 않고 적을
굴복시키는 것이 최선이다."

- 《손자병법》, 〈모공편〉

　우리는 종종 상대방의 잘못된 말을 지적하고, 논리적으로 반
박하고, 결국 내가 옳다는 것을 증명하려 하죠. 하지만 대부분
의 논쟁은 진실을 밝혀내기보다 자존심을 지키기 위한 싸움이
되고는 합니다. 설령 논쟁에서 이긴다 해도 우리에게는 무엇
이 남던가요? 상대방에게는 패배감과 원망이, 나에게는 피로
감과 공허함이 남을 뿐입니다. 성숙한 사람은 논쟁의 무의미

함을 깨닫고 품위 있는 방식으로 대응합니다. 논쟁 대신 품위를 선택하는 것이야말로 진정한 승리를 거두는 길입니다.

대기업 법무팀에서 차장급 사내 변호사로 일하는 우진 씨는 최근 경영진까지 참석한 전략 회의 자리에서 동료가 그의 제안을 정면으로 비판해 곤혹을 치렀습니다.

"정 차장님 논리로는 이번 소송에서 절대 이길 수가 없어요. 최근 판례 좀 살펴보셨으면 좋겠네요."

동료의 업무 능력을 정면에서 꼬집는 힐난에 회의실에는 어색한 침묵이 흘렀습니다. 예전의 우진 씨는 이런 무례한 지적에 그 자리에서 즉각 반박했습니다.

"아니, 제가 이 일을 몇 년 했는데, 그렇게 말씀하십니까? 저보다 변론 경험도 없으시면서 뭘 안다고 그러세요?"

하지만 그는 최근 깨달은 바가 있었습니다. 논쟁으로 얻는 것은 없다는 것을요. 회의 자리에서 격앙된 목소리로 서로 자기 논리만 주장하다 보면 정작 문제 해결은 뒷전이 되고 서로간에 앙금만 남기 일쑤였습니다. 먼저 시비를 걸어온 것은 상대방인데 거기에 늘 핏대를 세우며 반응하다 보니 우진 씨는 억울하게도 '싸움닭'이란 별명까지 얻게 됐습니다.

우진 씨는 잠시 침묵한 뒤, 차분하게 말했습니다.

"김 차장 눈에는 제 논리가 구식으로 보이나 봅니다. 구체적으로 어디가 그렇게 느껴지는지 이따 따로 이야기해 봅시다."

그러고는 회의를 계속 진행했습니다. 회의가 끝난 후, 그 자리에 참석했던 다른 동료가 다가와 이렇게 말했습니다.

"정 차장, 오늘 대응 정말 현명했어요. 난 또 정 차장이 같이 목소리 높일까 봐 얼마나 걱정했는지 모릅니다. 경영진 눈에 들고 싶은 건지, 김 차장이 요즘 회의 때마다 말도 안 되는 무리수를 좀 두던데, 휘둘리지 않고 잘 피했어요."

우진 씨는 소모적인 논쟁을 피하는 동시에 오히려 더 큰 존중과 신망을 얻었습니다.

은수 씨는 맏며느리로서 시어머니와의 관계에서 늘 긴장하기 일쑤였습니다. 시어머니는 은수 씨 집에 방문할 때면 살림살이를 두고 늘 이렇게 훈계했습니다.

"애야, 아무리 맞벌이라지만 안사람이 돼 가지고는 집안일을 이렇게 대충 하면 되겠니? 어휴, 우리 땐 어림도 없었다. 아무튼 요즘 젊은 사람들은 편해도 너무 편해졌어."

예전에는 은수 씨도 눈에 띌 때마다 사사건건 간섭하는 시어머니에게 나름의 방식으로 방어하고 반박했습니다.

"어머니, 저도 최선을 다하고 있어요. 재민 아빠보다 제가 더 늦게 퇴근하는 날도 많은 거 아세요? 요즘은 남녀평등 시대잖아요. 저한테만 너무 뭐라고 하지 마세요."

하지만 그럴 때마다 시어머니는 어디서 버릇없이 어른 말꼬리를 잡느냐며 더 불같이 화를 냈고, 고부 관계는 악화되기만 했습니다. 두 사람 사이에서 난처해하는 남편을 보며 은수 씨는 전략을 바꾸기로 결심했습니다. 시어머니가 또다시 비슷한 말을 했을 때, 그녀는 예전처럼 논쟁하는 대신 부드러운 톤으로 이렇게 말했습니다.

"맞아요, 어머니. 제가 전에는 깊이 생각하지 못했는데 어머님 세대는 정말 대단하신 것 같아요. 요즘처럼 간편한 가전제품들 하나 없이 대가족 살림을 손수 다 챙기셨잖아요. 그런 어머니께 제가 배울 점이 많아요. 더 잘하도록 노력할게요. 부족한 게 보이면 많이 가르쳐 주세요."

은수 씨의 말에 호랑이 같던 시어머니는 잠시 멈칫했습니다. '그래, 오늘은 또 뭐라고 말대꾸하나 보자' 하고 있었는데, 공감과 인정의 대답이 돌아오자 더 이상 할 말이 없었죠. 그 후로 시어머니의 잔소리는 줄어들었고, 은수 씨는 한결 가뿐한 마음으로 시부모님을 집에 초대할 수 있었습니다.

상대방을 바꿀 수 없다는 것을 받아들여라

존중 없는 말에 논쟁 대신 품위로 대처하는 지혜는 2,500년 전 중국 전략가 손무가 쓴 《손자병법》의 핵심 사상인 '부전이굴인지병(不戰而屈人之兵)'에서 찾을 수 있습니다. 이 말의 뜻은 다음과 같습니다.

"싸우지 않고 적을 굴복시키는 것이 최선의 병법이다."

손자는 전쟁을 세 가지 등급으로 나눴습니다. 최상의 전략은 '모략'으로 적의 계획을 무너뜨리는 것이고, 그다음은 '외교'로 적의 동맹을 깨는 것이며, 최하의 전략이 '공성'으로 직접 싸우는 것입니다.

　"백 번 싸워서 백 번 이기는 것이 최선이 아니다. 싸우지 않고 적을 굴복시키는 것이 진정한 최선이다."

　이 원리는 무례한 말에 대처하는 방식에도 그대로 적용됩니다. 상대방의 무례함에 똑같이 맞서 싸우는 것은 '공성'과 같습니다. 비록 이길 수도 있지만, 나 역시 상처받고 에너지를 소모합니다. 반면에 논쟁을 피하는 것은 '모략'과 같습니다. 상대방의 의도를 무력화하면서도 나는 아무런 손해를 입지 않죠. 손자는 또한 다음의 덕목을 강조했습니다.

　"전쟁에서 가장 중요한 것은 나를 지키는 것(보전)이다."

　전장에서는 적을 무찌르는 것보다 나를 온전히 지키는 것이 우선입니다. 무례한 말에 감정적으로 반응하면 우리는 자신을 지키는 데 실패합니다. 상대방의 말이 내 감정을 흔들고, 내

평정을 무너뜨리기 때문입니다. 그렇다면 우리는 어떻게 해야 품격 있는 대처를 할 수 있을까요?

바로 《손자병법》의 '부전이굴인지병'을 실천하면 됩니다. 즉, 상대방과 같은 수준에서 싸우지 않는 것이죠. 대신 한 발 물러서서 상황을 관찰하고, 상대방의 의도를 무력화합니다. 상대방이 나의 반응을 기대할 때는 침묵하거나 주제를 바꾸는 것도 전략입니다. 또한 상대방이 나를 자극하려 할 때는 담담하게 경계를 선언합니다. 이것이 바로 싸우지 않고 이기는 최고의 기술입니다.

카네기멜론대학교의 연구에 따르면, 사람들은 논쟁에서 자신이 틀렸다는 것이 증명되어도 생각을 바꾸지 않습니다. 오히려 더 강하게 자신의 입장을 고수할 뿐이죠. 이를 심리학에서는 '역화 효과'라고 부릅니다. 논쟁은 상대방을 설득하는 것이 아니라 더욱 완고하게 만듭니다.

소모적인 논쟁의 소용돌이에서 우아하게 빠져나와 나를 온전히 지키는 세 가지 대화의 기술을 소개합니다.

첫째, "당신이 옳을 수도 있습니다"라고 인정하라

존중 없는 말을 들었을 때, 즉각 "아니에요, 그게 아니라…"

라고 반박하고 싶은 충동이 들기 쉽습니다. 하지만 잠시 멈추고 "그렇게 생각하실 수도 있겠네요" 또는 "그런 관점도 있군요"라고 말하세요. 이것은 상대방의 말에 동의하는 것이 아니라 상대방의 관점을 인정하는 태도입니다. 자신의 입장을 인정받았다고 느끼는 순간, 상대방에게는 더 이상 싸울 이유가 없어집니다. 논쟁의 불씨를 끄는 가장 빠른 방법은 상대방을 인정하는 것입니다.

둘째, 질문으로 대화를 전환하라

논쟁은 서로 주장을 던지는 게임입니다. 이 게임에서 벗어나려면, 주장 대신 질문을 던져야 합니다. "그렇게 생각하는 특별한 이유가 있으신가요?", "그 방식이 더 효과적이라고 느끼시는 이유가 궁금합니다"와 같은 질문은 상대방을 방어 모드에서 설명 모드로 전환시킵니다. 그리고 질문하는 순간, 나는 논쟁의 고리에서 벗어납니다. 질문은 논쟁을 대화로 바꾸는 마법입니다.

셋째, "이 대화는 나중에 하겠습니다"라고 중단하라

어떤 논쟁은 피할 수 없다고 느껴지기도 합니다. 상대방이 대화를 계속 밀어붙이면 나의 감정은 고조되죠. 이때는 대화

자체를 중단하는 용기가 필요합니다. "지금은 이 주제를 차분히 이야기하기 어려울 것 같습니다. 나중에 다시 이야기하면 안 될까요?" 이것은 도망이 아니라 논쟁이 파괴적으로 변하는 것을 막는 지혜입니다. 대화를 중단할 수 있는 권리는 언제나 나에게 있음을 기억하세요.

논쟁에서 이기려 하지 마세요. 상처뿐인 영광에는 아무런 이득이 없습니다. 논쟁을 피함으로써 평화를 얻는 지혜를 발휘하세요. 내 마음의 평온을 지켜 더 나은 방향으로 자신의 에너지를 쓰는 사람이 진짜 승자입니다.

04

조용한 눈맞춤이
가장 큰 대답이 될 때

"지혜의 울타리는 침묵이다."

- 《피르케이 아보트》 3장 13절

"말을 해야 알아듣지!"

우리는 침묵을 패배로 여기는 시대에 살고 있습니다. 특히 억울한 일을 당하거나 상대방이 감정적으로 비난을 퍼부을 때, 즉각적으로 반박하지 않으면 지는 것이라고 생각합니다. 하지만 나이가 들수록 다른 방향의 깨달음이 찾아옵니다. 화가 났을 때 내뱉은 말은 진심이 아니라 감정의 배설물일 뿐이며, 그 말은 결국 부메랑이 되어 나를 해친다는 사실을요.

감정적인 말투에 감정으로 대응하는 순간, 나는 이미 상대방이 벌인 게임에 끌려간 셈입니다. 지혜로운 사람은 그런 무대에 올라가지 않습니다. 대신 '품격 있는 침묵'으로 무대 자체를 무너뜨립니다. 침묵은 도망이 아니라 상대방의 감정이 나를 지배하는 것을 거부하는 가장 강력한 선언입니다. 말하지 않음으로써 상황의 주도권을 되찾는 것이죠. 침묵은 나약함이 아니라 가장 높은 수준의 자기 통제입니다.

엔터테인먼트 회사의 제작본부장인 현수 씨는 최근 회사에서 큰 기대를 걸었던 프로젝트가 실패하자 한 임원으로부터 거센 질책을 들었습니다.

"임현수 본부장, 이게 도대체 무슨 결과예요? 사람들 반응이 아주 좋지 않아요. 정말 실망스럽습니다. 이러고도 제작본부장 자격이 있어요?"

고위 임원의 서릿발 같은 호통에 회의에 참석한 사람들은 말없이 서로 곁눈질을 하며 눈치만 봤습니다. 회의실은 살얼음판 분위기였습니다. 예전의 현수 씨라면 이런 분위기에서 늘 변명으로 일관했습니다.

"그게 꼭 제작팀 잘못만은 아니라고 생각합니다. 홍보팀에서 준비 상황은 생각도 하지 않고 론칭 시기를 너무 서두른 게더 큰 원인 같습니다."

현수 씨의 이런 대응은 책임은 면하게 할지언정 늘 다른 팀과의 불화를 불러왔습니다. 이런 일들이 쌓이자 다른 팀들이제작팀 업무에 비협조적으로 나오기 일쑤였습니다. 제작본부의 수장인 현수 씨는 이래서는 안 되겠다고 생각했습니다.

이날 현수 씨는 목소리를 높여 논쟁하는 대신 우선 5초간 침묵했습니다. 그리고 자신을 질타한 임원의 눈을 차분히 바라보며 고개를 끄덕였습니다.

"이사님께서 말씀하신 부분, 충분히 이해합니다. 금요일까지개선안을 보고 드리겠습니다."

그의 침묵은 임원의 감정적 폭주를 멈추게 했습니다. 만약현수 씨가 맞대응했다면 진흙탕 싸움이 됐겠지만, 침묵 후 건넨 이성적인 말은 회의를 건설적인 방향으로 돌려놓았습니다.

사춘기 자녀를 키우는 미선 씨는 아들의 반항에 늘 큰소리로 맞섰습니다.

"어휴, 또 시작이지! 엄마가 숙제했냐고 슬쩍 물어본 게 뭐 그렇게 엄청난 잔소리라고 방문을 꽝 닫아! 그 버릇 당장 못 고쳐!"

하지만 아들의 거친 행동과 말은 수그러들 기미가 보이지 않았습니다. 그러던 어느 날, 미선 씨는 구청에서 주최한 학부모 대상 강연을 하나 듣게 됐습니다. 그 자리에 초청된 자녀 교육 전문가는 '부모가 먼저 변화하라'는 주제로 따뜻한 조언을 들려줬습니다.

강연에서 들은 내용을 꼭 실천하겠다고 다짐한 미선 씨는 아들의 반발 섞인 투정을 듣고도 아무런 말을 하지 않았습니다. 대신 깊게 숨을 내쉬며 아들을 바라본 뒤 조용히 안방으로 들어갔습니다. 한 시간 후, 놀라운 일이 벌어졌습니다. 늘 불만이 가득해 보이던 아들이 먼저 다가와 머뭇대며 사과했습니다.

"… 엄마, 아까는 제가 너무 심했어요. 그냥 요즘 별일도 아닌데 저도 모르게 막 짜증이 나고 그래요. 진짜 죄송해요."

백 마디 훈계보다 한 번의 침묵이 아이를 변화시킨 것입니다.

조용히 반 템포만 늦춰 말해 보자

감정적인 상황에서 침묵은 왜 최고의 지성적 선택일까요? 이에 대한 심리학적 근거는 20세기 정신의학자 빅터 프랭클의 로고테라피 핵심 이론에서 찾을 수 있습니다.

유대인이던 빅터 프랭클은 제2차 세계 대전 당시 아우슈비츠 수용소에 수감됐습니다. 그는 부모와 아내를 잃고, 인간 이하의 취급을 받으며 매일 죽음의 공포와 마주했습니다. 나치 간수들은 이유 없이 그를 구타하고 모욕했죠. 보통의 인간이라면 공포에 질려 굴복하거나 분노에 차서 이성을 잃을 수밖에 없는 환경이었습니다.

하지만 프랭클은 그러한 극한의 상황에서 인간이 도달할 수 있는 위대한 자유를 발견했습니다. 그는 이렇게 말했습니다.

"자극과 반응 사이에는 공간이 있다. 그 공간에는 자신의 반응을 선택할 수 있는 자유와 힘이 있다. 그리고 우리의 반응에 우리의 성장과 행복이 달려 있다."

대부분의 동물이나 미성숙한 인간은 외부에서 자극이 주어지면 즉각적으로 반응합니다. 무례한 말을 들으면 분노를 표출하고, 비난이 쏟아지면 맞대응하죠. 이를 '반사적 행동'이라고 부릅니다. 그러나 성숙한 인간은 자극이 가해졌을 때, 바로 반응하지 않고 '침묵'이라는 공간을 확보합니다. 이 진공의 공간에서 우리는 선택합니다.

'저 사람의 감정에 휘말려 같이 진흙탕을 뒹굴 것인가, 아니면 나의 품격을 지키며 상황을 관망할 것인가?'

침묵은 아무것도 하지 않는 것이 아닙니다. 가장 지혜로운 반응을 고르기 위해 시간을 버는 적극적인 행위입니다.

프랭클은 수용소에서 간수들이 자신을 모욕할 때, 그 자극에 즉각 반응하지 않고 침묵 속에서 자신의 존엄성을 지키는 태도를 선택함으로써 영혼이 파괴되지 않고 살아남았습니다. 우리가 일터나 집 안에서 겪는 일상의 모욕 앞에서도 마찬가지입니다. 상대방의 감정적 도발에 침묵이라는 공간을 두는 것. 이것이야말로 바로 환경을 지배하고 자신을 지키는 자세입니다.

무례함에 현명한 침묵으로 대처하는 세 가지 기술을 소개합니다.

첫째, '6초 법칙'으로 뇌를 전환하라

뇌과학 연구에 따르면, 화가 날 때 뇌가 이성을 되찾기까지 6초가 걸린다고 합니다. 상대방이 감정적으로 나올 때 마음속으로 1부터 6까지 세 보세요. 그리고 다음과 같이 생각하세요.

(1~2초) '저 사람은 지금 제정신이 아니다.'
(3~4초) '내가 같이 화낼 필요가 없다.'
(5~6초) '침묵이 가장 강한 대답이다.'

이 짧은 6초가 당신을 후회막심한 말실수로부터 구원합니다.

둘째, '눈 맞춤'으로 침묵의 무게를 더하라

고개를 숙이거나 상대방의 시선을 피하지 마세요. 진정한 침묵의 힘은 눈빛에서 나옵니다. 아무런 말없이 부드럽지만 단호한 눈빛으로 상대방을 응시하세요.

'나는 지금 당신의 말을 다 듣고 있습니다. 하지만 동요하지 않습니다.'

흔들림 없는 눈빛은 백 마디 말보다 더 큰 압박감을 줘서 상대방을 멈추게 만듭니다.

셋째, 침묵 후 '낮고 느린 목소리'로 마침표를 찍어라

충분한 침묵으로 상대방의 감정이 가라앉기를 기다린 후, 평소보다 한 톤 낮고 반 템포 느리게 말하세요.

"말씀… 다 하셨습니까?"
"지금 많이 흥분하신 것 같으니, 잠시 후에 다시 이야기하시죠."

침묵 뒤에 이어지는 낮고 느린 목소리는 엄청난 권위를 갖습니다. 이는 대화의 주도권을 당신에게 가져다줍니다.

혀끝이 휘두르는 칼날은 사람을 찌르지만, 침묵이 만들어 낸 여백은 그 말을 내뱉은 사람을 부끄럽게 만듭니다. 감정의 태풍 속에서는 입을 닫고 마음의 중심을 굳게 잡으세요. 당신의 침묵은 소란 속에서도 강력한 힘을 발휘하는 가장 위대한 웅변입니다.

05

나의 품격은 상대방이 아니라
내가 정한다

"세상이 당신을 낮은 곳으로 끌어내리려 할 때, 당신은 더 높은
곳에 머물러라."

- 미셸 오바마

우리는 종종 상대방이 무례하게 굴면 나도 무례하게 대응해
야 한다고 착각합니다. 상대방이 낮은 곳에서 말을 던지면 나
도 그곳으로 내려가 싸워야 한다는 것이죠. 하지만 그 순간,
우리는 가장 소중한 것을 잃어버립니다. 바로 나 자신입니다.

상대방의 수준에 맞춰 내려가는 것은 대응이 아니라 항복입
니다. 나의 품격을 포기하고, 상대방이 설정한 게임의 규칙을

따르는 셈입니다. 상대방이 욕하면 나도 욕하고, 상대방이 비난하면 나도 비난하는 순간, 나의 본질은 갈 곳을 잃습니다. 이윽고 남는 것은 후회와 자괴감뿐이죠.

성숙한 사람은 상대방의 수준에 자신을 맞추지 않습니다. 상대방이 얼마나 낮은 곳에 있든, 자신이 서 있는 높이를 지킵니다. 이것은 거만함이 아니라 자존감이고, 우월감이 아니라 존엄성입니다. 나의 품격은 상대방의 행동에 좌우되는 것이 아니라 오롯이 나의 선택에 따라 결정됩니다. 상대방이 아무리 무례하게 굴고 화를 내며 나를 끌어내리려 해도 내가 침착하게 행동하면 아무도 나의 자리를 침범할 수 없습니다.

대희 씨는 자동차 대기업에 주요 소재를 납품하는 중견기업 자재팀의 총책임자입니다. 그는 최근 몇 달간 새롭게 바뀐 거래처 담당자 때문에 아주 골치가 아팠습니다. 늘 해 오던 방식대로 똑같이 일했을 뿐인데 상대방이 늘 말끝을 비난조로 일관하니 통화를 마칠 때마다 뒤가 개운치 않았습니다.

"거참, 정대희 팀장님, 일 처리가 매번 답답하시네. 납기일 하루이틀 당기는 게 뭐 그렇게 어렵다고⋯. 에휴, 됐고요, 앞으론 좀 잘합시다."

매번 짜증을 내는 거래처 담당자에게 한 번쯤은 큰소리로 대꾸할 법도 했지만 대희 씨는 감정적으로 맞서지 않았습니다. 대신 그는 차분한 어조로 이렇게 말했습니다.

　"지적하신 납기일 조정 부분은 내부 회의를 거쳐서 다시 연락드리겠습니다. 다만, 서로 존중하는 태도로 일했으면 합니다."

　상대방의 무례한 표현에 정중하게 예의를 요구한 그의 태도에 막무가내였던 담당자도 즉시 태도를 바꾸고 사과했습니다. 대희 씨는 상대방의 무례함에 동조하지 않으면서 자신의 품격을 지켜 냈습니다.

　형제 많은 집의 막내며느리인 소영 씨는 신혼 초부터 시어머니가 형님들과 자신을 비교해서 종종 곤혹스러웠습니다.

　"막내야, 네 형님들 일하는 것 좀 봐라. 아무리 나이 차가 난다지만 손끝이 저렇게 야물지 못해 갖고… 우리 현수 아침밥은 제대로 챙겨 주는 거냐?"

　하지만 소영 씨는 시어머니의 선을 넘는 꾸지람에 억울해하거나 참지 않았습니다. 대신 웃으며 이렇게 말했습니다.

"어머님이나 형님들 살림 잘하시는 거야 저도 알죠. 정말 다들 대단하세요. 하지만 저도 저만의 방식으로 가족을 돌보고 있으니, 서로의 방식을 존중해 주시면 감사하겠습니다."

상대방을 치켜세우면서도 자신의 주관을 우아하게 밝힌 소영 씨의 대처에 시어머니는 더 이상 비난의 말을 잇지 못했습니다. 소영 씨는 경계를 함부로 넘는 사람의 수준으로 자신을 낮추지 않고도 관계를 지키는 법을 보여 주었습니다.

흔들리지 않는 내면은 어디에서 비롯되는가?

상대방의 수준에 맞추지 않고 품격을 지키는 힘은 어디에서 비롯될까요? 이에 대한 답은 2,300년 전 중국 유가 사상가인 맹자의 '호연지기(浩然之氣)' 개념에서 찾을 수 있습니다.

맹자는《맹자》〈공손추편〉에서 제자 공손추의 질문에 이렇게 답했습니다.

"선생님의 강점은 무엇입니까?"
"나는 호연지기를 기르는 것을 잘한다."

맹자는 호연지기를 이렇게 설명합니다.

"그것은 지극히 크고 지극히 강하여, 곧음으로 길러지고 해침이 없으면 천지 사이에 가득 찬다."

맹자가 말하는 호연지기는 단순한 용기가 아닙니다. 그것은 외부의 상황과 타인의 행동에 흔들리지 않는 내면의 도덕적 힘을 가리킵니다. 상대방이 나를 비난하고, 욕하고, 무시해도, 자신이 옳다고 믿는 바를 지키는 힘. 그것이 곧 호연지기입니다.

맹자에 대해서는 이런 일화도 전해집니다. 어느 날, 한 나라의 왕이 맹자를 모욕했습니다.

"당신은 이상만 말하고 현실을 모르는 사람이오."

주변 사람들은 맹자가 화를 내거나 왕에게 굴복할 것이라고 생각했습니다. 하지만 맹자는 담담하게 말했습니다.

"저는 제가 믿는 바를 말할 뿐입니다. 그것을 받아들이고 안 받아들이고는 왕의 선택입니다."

맹자는 왕의 모욕에 맞서지도, 굴복하지도 않았습니다. 자신의 원칙을 지켰을 뿐이죠. 그 원칙이 바로 호연지기입니다.

맹자는 또한 이렇게 말했습니다.

"부귀도 나를 음란하게 할 수 없고, 빈천도 나를 움직일 수 없으며, 위무도 나를 굽힐 수 없다."

이것이 바로 상대방의 수준에 자신을 맞추지 않고 스스로의 품격을 지키는 힘의 본질입니다. 상대방이 낮은 곳에서 말을 던져도, 나는 높은 곳에 서서 나의 원칙을 지키는 것. 상대방이 험한 욕을 해도, 나는 예의를 지키는 것. 상대방이 불같이 화를 내도 나는 침착함을 지키는 것. 이것이 호연지기를 가진 사람의 태도입니다.

맹자는 호연지기를 기르는 방법도 알려 주었습니다.

"의로움을 쌓아야 한다."

즉, 매일 작은 선택의 순간마다 옳은 것을 선택해야 합니다. 상대방이 무례해도 나는 품격 있게, 상대방이 비난해도 나는 담담하게 대해야 합니다. 이런 일상의 작은 선택들이 쌓여서 호연지기가 됩니다. 그리고 그렇게 형성된 호연지기가 나를 단단하게 지킵니다.

무례함에 품격 있게 대처하는 세 가지 방안을 알려 드립니다.

첫째, '나의 기준'을 명확히 하라

상대방의 수준에 맞추지 않으려면, 먼저 나의 기준이 무엇인지 명확히 해야 합니다. '나는 어떤 상황에서도 욕하지 않겠다', '나는 어떤 상황에서도 침착함을 유지하겠다', '나는 어떤 상황에서도 존중하는 말투를 쓰겠다' 등 자기만의 기준을 미리 세워 두세요. 그러면 상대방이 아무리 무례하게 굴어도 나는 내 기준을 따를 수 있습니다. 평소에 자신에게 '내가 지키고 싶은 품격은 무엇인가?'라고 물어보세요. 그리고 그것을 눈에 잘 보이는 곳에 적어 두고 되새기세요.

둘째, '나는 나, 너는 너'라는 경계를 세워라

상대방의 무례함은 상대방의 문제이지 나의 문제가 아닙니다. 상대방이 욕한다고 해서 나도 욕할 필요는 없습니다. 상대방이 화낸다고 해서 나도 화낼 필요는 없습니다. '저 사람은 저렇게 행동하는 사람이고, 나는 이렇게 행동하는 사람이다.' 이런 명확한 경계를 세우세요. 그러면 상대방이 어떤 행동을 해도 나를 흔들지 못합니다. 상대방이 무례하게 나온다면 이 문장을 속으로 되뇌세요. '저것은 저 사람의 선택이고, 나는 나의 선택을 한다.'

셋째, 품격 있는 표현을 미리 준비하라

무례한 상황이 닥쳤을 때 즉흥적으로 대응하면 실수하기 쉽습니다. 그러므로 평소에 미리 품격 있는 표현을 준비해 두세요. "말씀하신 부분을 이해합니다만, 저는 다르게 생각합니다", "서로 존중하는 태도로 대화했으면 합니다", "그런 방식의 대화는 불편합니다" 등의 문장들을 미리 외우고 연습하세요. 이때 거울 앞에서 차분한 표정과 목소리로 연습하면 더 효과적입니다. 그러면 상대방이 갑자기 무례하게 나오더라도 언제든 품격 있게 대응할 수 있습니다.

상대방이 당신을 낮은 곳으로 끌어내리려 해도, 당신은 끝내 높은 곳에 머물러야 합니다. 그리고 나의 위치를 어디에 둘지를 결정하는 것은 전적으로 나의 선택입니다. 매사에 옳은 선택을 하겠다는 의지를 발휘할 때, 비로소 당신이라는 존재는 단단하고 빛이 나는 보석의 품격을 갖게 됩니다.

6장

인격이
말투가 되고
인생이 된다

주인공의 말투부터 삶을 바꾸는 말투까지

주변인의 언어 VS. 주인공의 언어

"말이 사람을 만든다. 말은 몸을 이루는 계단이니, 한마디 말로 천 냥 빚을 갚는다."

– 《채근담》

"저는 뭘 해도 안 되는 것 같아요."
"어쩔 수 없었어요."

우리는 습관적으로 이런 말을 합니다. 힘든 일이 생기면 외부를 탓하고 환경을 원망합니다. 그런데 이 말투 하나가 당신의 인생을 좌우한다는 사실을 아시나요? 말투는 단순히 언어 습관이 아닙니다. 그것은 삶을 대하는 태도이며, '삶의 주도권'을 누가 쥐고 있느냐를 결정하는 핵심 요소입니다.

인생을 살다 보면 많은 도전과 변화를 겪습니다. 직장, 가정, 건강 등 복잡한 문제들 앞에서 당신의 말투가 '주변인의 언어'인지, '주인공의 언어'인지에 따라 인생의 방향이 완전히 달라집니다. "나는 할 수 없어"라고 말하는 순간 삶의 주도권은 내 손을 떠나가 버립니다. 반면에 "내가 할 수 있는 일은 무엇일까?"라고 묻는 순간 삶의 주도권은 내게로 되돌아옵니다. 말투를 바꾸는 것은 삶의 운전대를 다시 잡는 혁명적 결단입니다.

선희 씨는 남편의 사업 실패 후 경제적 어려움을 겪으며 깊이 절망했습니다.

"이게 다 무능한 남편 탓이야. 나는 정말 지지리 운도 없지."

그녀의 말투는 전형적인 주변인의 언어였고, 이런 선희 씨의 신세 한탄에 가족들은 무기력함에 빠졌습니다. 남편은 새로운 일자리를 찾기는커녕 술에 취해 있는 날이 늘었고, 남매는 학업에 집중하지 못하고 집 밖을 겉돌았습니다. 더 이상 이렇게 살 수 없다는 자각에 선희 씨는 자기부터 달라져야겠다고 마음먹었습니다. 동네 행정복지센터에서 알게 된 상담사는 그녀에게 사소한 말투부터 바꾸라고 조언했습니다.

선희 씨는 "이제 다 망했어"라고 말하는 대신 가족들에게 의지를 북돋는 말을 건네기 시작했습니다.

"이제부터 다시 시작하면 돼. 우리가 할 수 있는 게 뭘까?"

그녀는 작은 부업을 시작하며 남편과 경제적 책임을 함께하겠다고 선언했습니다. 선희 씨의 적극적인 노력 덕분이었을까요? 새롭게 시작한 부업은 어느덧 안정 궤도에 올랐고, 남편도 재취업에 성공했습니다. 부모님이 노력하는 모습을 본 아이들도 마음을 다잡고 공부에 전념했습니다. 선희 씨는 자신을 도와준 상담사에게 이렇게 고백했습니다.

"선생님, 말투를 바꾸니 생각이 바뀌고, 행동이 바뀌고, 제 삶이 바뀌었네요."

컨설팅 회사에서 25년 넘게 일해 온 준혁 씨는 최근 청천벽력 같은 소식을 접했습니다. 며칠 전 인사팀이 공개한 희망퇴직 대상자 명단에 준혁 씨 이름도 올라가 있었기 때문입니다.

사내에서 여러 차례 우수 사원으로 선발되고 늘 높은 성과를 올렸던 그였기에 더욱 참담한 심정이었습니다.

'밤낮없이 헌신했건만 회사가 이렇게 날 헌신짝처럼 버리는 구나! 높은 연차부터 자른다더니 나이 많은 사람들은 서러워 살 겠나.'

제대로 된 준비도 하지 못한 채 퇴직한 준혁 씨는 체념한 상 태로 몇 달을 공허하게 보냈습니다. 하지만 아무런 시도도 하 지 않으니 아무 일도 일어나지 않았습니다. 그사이 퇴직금 액 수만 줄어들 뿐이었습니다.

이렇게 시간을 버릴 수는 없다고 생각한 그는 굳게 결심했습 니다.

'그래, 내 인생은 내가 결정하는 거지.'

생각이 바뀌니 말과 행동이 달라졌습니다. 준혁 씨는 젊은 사람들이 많이 찾는 공유 오피스를 개인 사무실로 삼아 그곳 에서 적극적으로 네트워킹을 하고 경영 컨설팅이 필요한 스타 트업 등을 대상으로 프리랜서 컨설팅 사업을 시작했습니다.

"나이는 장애물이 아니라 자산이죠. 제가 가진 25년 노하우를 아낌없이 발휘해 보겠습니다."

이러한 노력 덕분에 준혁 씨는 1년 후 한 중견기업의 고문으로 스카우트됐습니다.

내 인생의 주인공은 나

예상치 못한 시련 앞에서 왜 어떤 사람은 일어서고, 어떤 사람은 주저앉을까요? 미국 심리학자 줄리언 로터 박사는 '통제 위치' 개념으로 이를 설명했습니다.

첫째, 내적 통제 위치

자신의 행동과 노력이 결과를 만든다고 믿는 것입니다. 내적 통제 위치를 가진 사람은 '내 선택이 내 인생을 만든다'라고 생각하며 적극적으로 행동합니다.

둘째, 외적 통제 위치

운이나 환경이 결과를 만든다고 믿는 것입니다. 외적 통제 위치를 가진 사람은 '어쩔 수 없다'라고 생각하며 쉽게 포기합니다.

로터 박사는 "통제 위치는 학습되는 것이며 바꿀 수 있다"라고 강조했습니다. 통제 위치는 특히 어떤 언어를 사용하느냐가 핵심입니다. "나는 못해"라는 말은 외적 통제 위치를, "내가 해결할 수 있어"라는 말은 내적 통제 위치를 강화합니다.

로터 박사의 연구에 따르면, 내적 통제 위치를 가진 사람은 성취도가 높고 스트레스에 강하며 건강했습니다. 선희 씨와 준혁 씨가 말투를 바꾸자 행동이 바뀌고 결과가 달라진 것은, 그들이 삶의 통제권을 외부에서 내부로 가져왔기 때문입니다. 삶의 주도권은 밖에서 주어지는 것이 아니라 내 언어로 선언하고 쟁취하는 것입니다.

삶의 거센 파도에 휘둘리는 주변인이 아닌, 자기 인생을 주도하는 당당한 주인으로 바로 서기 위한 세 가지 인격의 언어 습관을 제안합니다.

첫째, '주변인 언어'를 '주인공 언어'로 전환하라

"~때문에 안 돼"를 "~임에도 불구하고 내가 할 수 있는 것은 뭘까?"로 바꾸세요. "어쩔 수 없어" 대신 "작은 것부터 시작하자"라고 말하세요. 매일 아침마다 거울을 보며 "오늘 내가 통제할 수 있는 것에만 집중하자"라고 선언하세요.

"~때문에 안 돼." (환경 탓)

→ "~임에도 불구하고 내가 할 수 있는 것은 뭘까?" (의지 확인)

"어쩔 수 없어." (포기)

→ "작은 것부터 내가 선택해서 시작하자." (선택)

"짜증 나." (감정 반응)

→ "이 상황을 내가 어떻게 개선할 수 있을까?" (대응)

둘째, 과거형 '왜'를 미래형 '어떻게'로 질문하라

"왜 나한테만 이런 일이 생기지?", "저 사람은 왜 저럴까?"처럼 '왜' 질문은 과거를 한탄하게 만들고 원망하는 마음만 키울 뿐 현실을 조금도 바꾸지 못합니다. '왜'라고 묻지 말고 '어떻게'로 질문하세요. 질문의 방향을 미래의 해결책으로 돌리면 돌파구가 보입니다.

"왜 실패했을까?"

→ "이 상황에서 내가 배울 수 있는 점은 무엇이고, 다음엔 어떻게 다르게 할 수 있을까?"

셋째, 목표를 '선언-분해-약속'의 구조로 구체화해 말하라

막연한 다짐은 힘이 없습니다. 주도적인 삶을 위해 목표를 말할 때는 다음의 3단계를 거치세요.

- 1단계 선언: "이번 달 지출 비용을 줄이겠다." (내가 선택했음을 명시)
- 2단계 분해: "고정비는 재협상하고, 소모품은 아끼자." (구체적 행동)
- 3단계 약속: "금요일까지 결과를 공유하자." (실행 촉진)

말이 구체적일수록 행동은 명확해집니다.

말투는 인생의 운전대입니다. 당신은 지금 조수석에 앉아 불평만 하고 있습니까, 아니면 운전석에 앉아 핸들을 잡고 있습니까? 주변인의 언어를 버리고 주인공의 언어를 선택하세요. "어쩔 수 없지"라는 말을 버리고 "내가 선택하겠다"라고 말하세요. 그 순간, 당신의 삶은 온전히 당신의 것이 됩니다.

할 수 있다고 말하면
정말 해낸다

"말은 생각의 옷이다. 긍정의 옷을 입힌 말은 긍정의 인생을 만든다."

- 새뮤얼 존슨(영국 시인)

"나는 노력해도 안 될 거야."
"이번에도 실패할 것 같아."

우리는 무심코 자신의 미래를 단정 짓는 말들을 합니다. 특히 나이가 들수록 인생 경험을 통해 현실을 냉정하게 판단하는 능력을 갖게 되지만, 때로는 "어차피 안 돼", "나이는 못 속이지"라는 부정적 예언에 갇히기도 합니다.

그러나 언어는 현실을 반영하는 거울이 아니라 현실을 창조하는 설계도입니다. 당신이 "안 될 거야"라고 말하는 순간 뇌는 안 되는 이유를 찾아내고, "할 수 있어"라고 말하는 순간 할 수 있는 방법을 찾아냅니다. 당신이 오늘 하는 말 한마디가 내일의 당신을 만듭니다.

미령 씨는 수학을 어려워하는 아들에게 습관적으로 늘 이렇게 말했습니다.

"우리 애는 정말 수학 머리가 없어."

미령 씨의 거듭되는 비난에 호응하기라도 하듯 아들은 정말 수학 공부를 포기했고, 성적은 더 떨어졌습니다.

"엄마가 나한테 수학 못한다고 했잖아!"

그런 아들의 모습에 마음이 크게 상한 미령 씨는 담임 선생님을 만나 학부모 상담 시간을 가졌습니다. 선생님께서는 미령 씨의 말을 경청한 뒤 이렇게 이야기했습니다.

"어머님, 아무래도 정민이가 자신감이 많이 떨어진 것 같아요. 마음이 답답하시겠지만 몰아세우기보다는 격려와 응원의 말을 건네는 게 어떨까요?"

상담을 마친 뒤 그날 저녁부터 미령 씨는 말투를 바꿔 말하기 시작했습니다. 평소라면 "에휴, 넌 영 글렀어"라고 말했을 테지만, 비난조를 꾹 참고 다정하게 이야기를 건넸습니다.

"정민아, 엄마가 생각해 봤는데 말야, 네가 아직 수학 문제를 잘 푸는 방법을 못 찾은 것 같아. 필요하면 인강도 추가로 듣거나 교재를 바꿔 보는 건 어떨까? 방법만 알면 앞으로 잘 해낼 수 있을 거야."

미령 씨의 따뜻한 응원 덕분이었을까요? 몇 개월 뒤 치른 기말고사에서 아들의 수학 성적은 15점이나 올랐습니다. 아들은 성적표를 들고 한껏 뿌듯한 표정으로 이렇게 말했습니다.

"엄마가 나를 믿어 주니 해낼 수 있을 것 같았어요. 정말 고마워요."

미령 씨의 부정적 예언은 아이를 망쳤지만, 긍정적 예언은 아이를 살린 셈입니다.

건설 회사 시공 관리팀에서 팀장으로 일하는 호철 씨는 회의 때마다 이렇게 보고했습니다.

"이번 분기도 준공 스케줄을 맞추기가 힘들 것 같습니다."
"어차피 안 되는 일정인데 강행하면 현장 사람들이 반발합니다."

현장에는 변수가 워낙 많다 보니 그의 보고가 틀린 것은 아니었습니다. 하지만 상황을 핑계로 매번 일정이 연기되고 그 때문에 번번이 목표 달성을 하지 못해 성과급이나 진급 등 보상을 받지 못하자 팀원들은 점차 무기력해졌습니다. 무엇보다 이런 상황이 가장 괴로운 사람은 호철 씨 자신이었습니다.

어떻게 해야 개선해야 할지 도통 방향을 잡지 못하던 호철 씨는 사내 리더십 교육을 통해 실마리를 찾았습니다. 능동적인 말 한마디의 힘을 강조한 커뮤니케이션 전문가의 강의가 특히 인상적이었습니다. 그날 이후 호철 씨는 팀원들에게 건네는 말을 바꿨습니다.

"여러분, 현장 분위기가 녹록지 않지만 승산이 있습니다. 안 된다고만 하지 말고 될 방법을 찾아보면 어떨까요?"

리더인 호철 씨가 일이 되는 방향으로 이끌어 가자 축 처졌던 팀 분위기가 금방 반전됐습니다. 덕분에 호철 씨 팀은 해당 분기 목표를 105퍼센트 초과 달성했습니다. 호철 씨는 이를 계기로 말을 바꾸니 현실이 바뀐다는 사실을 실감했습니다.

삶을 바꾸는 긍정어의 힘

왜 긍정어는 우리 삶을 바꾸는 힘이 있을까요? 노스캐롤라이나대학교 심리학자 바버라 프레드릭슨 교수의 '확장-구축 이론'은 이 질문에 과학적 답을 제시합니다. 프레드릭슨 교수는 20년 넘게 긍정 정서가 인간에게 미치는 영향을 연구했습니다. 그녀는 부정 정서와 긍정 정서가 우리 뇌와 행동에 완전히 다른 효과를 미친다는 사실을 발견했습니다.

부정 정서(분노, 두려움, 슬픔)는 '좁히기' 효과를 만듭니다. 위험에 직면하면 우리 뇌는 즉각적인 생존에만 집중합니다. 시야가 좁아지고, '싸우거나 도망치거나' 하는 두 가지 선택만 떠오릅니다. 이러한 우리 뇌의 생존 전략은 원시 시대에는 유용했을지 모르지만 현대 사회에서는 창의적 문제 해결을 방해

합니다. "안 돼", "최악이야", "불가능해"라는 부정어를 반복하면 뇌는 위험 모드로 전환되고, 가능성 대신 눈앞의 장애물만 보게 됩니다.

반면에 긍정 정서(기쁨, 감사, 호기심)는 '확장' 효과를 만듭니다. 프레드릭슨 교수의 실험에서 긍정적 영상을 본 참가자들은 부정적 영상을 본 사람들보다 더 넓은 시야를 가졌고, 더 많은 해결책을 떠올렸습니다. 긍정 정서는 사고의 폭을 넓혀 창의적 아이디어를 떠오르게 합니다.

프레드릭슨의 확장-구축 이론이 던지는 핵심 메시지는 명확합니다. 우리가 사용하는 언어는 단순히 감정을 표현하는 도구가 아니라 우리 뇌의 작동 방식을 바꾸고 실제 삶의 결과를 만들어 내는 장치라는 점입니다.

다음은 미래를 건설적인 방향으로 바꾸는 긍정의 언어 습관들입니다.

1단계, 일기를 쓰며 부정어 사용 빈도를 자각하라

먼저 자신이 얼마나 부정어를 사용하는지 자각하세요. 하루 동안 내가 한 말 중 부정어를 노트에 적어 보세요. "짜증 나", "힘들어", "안 돼", "불가능해" 등을 몇 번이나 했는지 그 횟수를 세어 보면 충격을 받을 것입니다. 현실 자각은 변화의 첫걸음입니다.

2단계, 부정어-긍정어 변환 표를 만들어라

자주 사용하는 부정어 10개를 적고, 각각을 긍정어로 바꿔 보세요.

"안 돼." → "다른 방법을 찾아보자."

"힘들어." → "도전적인 상황이네."

"최악이야." → "어렵지만 기회가 있어."

"불가능해." → "시간이 필요하겠지만 해 볼 만해."

"짜증 나." → "조금 답답하지만 해결할 수 있어."

부정어-긍정어 전환 표를 책상에 붙여 두고, 부정어가 입 밖으로 나오려 할 때마다 의식적으로 긍정어로 바꿔 말하세요.

3단계, '21일 긍정어 챌린지'에 도전하라

21일간 매일 긍정어 세 개를 의도적으로 사용하는 챌린지를 시도해 보세요. 가족이나 동료에게 "오늘 기분 좋은 일이 있었어", "이 부분 정말 잘했네", "함께 해결할 수 있을 거야" 같은 긍정어를 하루 세 번 이상 사용하겠다고 선언하고 실천하세요. 21일이 지나면 긍정어가 습관이 되고, 당신의 뇌는 확장 모드로 작동하기 시작할 것입니다.

부정어는 우리 뇌의 시야를 좁히고, 삶의 폭을 좁힙니다. 반면에 긍정어는 우리 뇌의 시야를 확장하고, 가능성을 열어 줍니다. 오늘부터 "안 돼"를 "방법을 찾자"로, "힘들어"를 "도전적인 상황이네"라고 바꿔 말해 보세요. 그러한 작은 언어 습관이 당신의 뇌를 바꾸고, 더 나아가 당신의 인생을 바꿀 것입니다. 말은 생각의 옷입니다. 긍정의 옷을 입힌 말로, 긍정의 인생을 살아가시기 바랍니다.

나를 더욱 빛나게 하는
말투 절차탁마

"옥은 깎고 다듬지 않으면 그릇이 되지 못하고, 사람은 배우지 않으면 도리를 알지 못한다."

- 《예기》

"나는 원래 이런 사람이야. 이 나이에 뭘 바꾸겠어."

많은 사람들이 말투를 고정된 성격이나 불변의 습관으로 여깁니다. 특히 중년 이상이 되면 수십 년간 굳어진 말버릇을 바꾸는 것이 불가능하다고 단정 짓고는 합니다. 그러나 이것은 과학적으로도, 인문학적으로도 틀린 생각입니다. 뇌과학은 우리의 뇌가 평생에 걸쳐 변화하고 성장하는 '신경 가소성'을 가지고 있음을 증명했습니다. 나이와 관계없이 우리는 새로운 언어 패턴을 학습하고 말투를 개선할 수 있습니다.

말투는 평생을 두고 갈고닦아야 하는 기술이자 수양의 결과물입니다. 원석 상태의 다이아몬드가 아무리 귀해도 연마 과정을 거치지 않으면 그저 돌덩이에 불과하듯, 우리의 말투도 끊임없이 다듬고 깎아 내지 않으면 그 안에 담긴 진심과 지혜가 빛을 발하지 못합니다.

공기업에서 30년간 일하며 이제는 상무 명함을 달게 된 민석 씨는 명령조 말투가 일상이었습니다.

"이봐, 그 기안 정리 오늘까지 마쳐."
"내년도 사업 보고서 수정 다시 해."

어느덧 그의 주변에는 남아 있는 사람들이 없었고, 민석 씨가 이끄는 팀 분위기는 늘 냉랭했습니다. 자신의 권위에 보이지 않게 반발하는 팀원들의 모습에 민석 씨는 위태로움을 느꼈습니다. 무엇보다 결정적인 사건은 인사 평가 결과였습니다. 민석 씨의 회사는 다면 평가 체제를 적용 중인데 그는 부하 평가에서 최하점을 받았습니다. 다음번 고과에 영향이 있을 만큼 치명적인 점수였습니다.

민석 씨는 부랴부랴 외부 컨설팅을 통해 자신의 리더십을 점검하고 전문가의 피드백을 받았습니다. 컨설턴트가 지적한 가장 큰 문제는 그의 말투였습니다. 민석 씨는 어색했지만 자신과 팀의 더 나은 미래를 위해 변화를 시도했습니다.

"황 부장, 이 작업 오늘까지 가능할까요? 시간이 조금 촉박하지만 애 좀 써 줄 수 있겠습니까?"

"이 과장, 사업 보고서 쓰면서 어떤 부분이 어려웠습니까? 내가 같이 들여다보면 도움이 될까요?"

놀랍게도 1년 후 민석 씨가 이끄는 팀은 사내 부서 평가 1위를 차지했습니다. 게다가 포용의 리더십을 발휘한 공로를 인정받아 전무로 승진할 수 있었습니다. 민석 씨는 그제야 '말투는 늙지 않는다, 다만 익어 갈 뿐'이라는 사실을 체감했습니다.

말투는 평생 다듬어야 하는 원석이다

말투를 평생 다듬어야 하는 이유는 무엇이며, 그것은 어떤 과정을 통해 완성되는 것일까요? 동양 고전 《예기》와 《논어》

에 등장하는 '절차탁마(切磋琢磨)'의 철학에 그 답이 깃들어 있습니다.

공자의 제자 자공이 스승에게 인격 수양에 대해 묻자, 공자는 이를 뼈나 옥을 가공해 보석을 만드는 네 가지 공정에 비유하며 기뻐했다고 전해집니다.

1단계: 절(切)

뼈를 자르는 단계입니다. 거친 원석의 형태를 잡아내는 과정으로, 언어생활에서 불필요한 비속어, 혐오 표현, 공격적인 말투를 1차적으로 잘라 내는 것을 의미합니다.

2단계: 차(磋)

뿔을 가는 단계입니다. 자른 단면을 매끄럽게 다듬는 과정으로, 투박하고 직설적인 표현을 부드럽게 다듬는 훈련입니다.

3단계: 탁(琢)

옥을 쪼는 단계입니다. 모양을 내고 디자인을 하는 과정으로, 상황에 맞는 적절한 어휘와 비유를 선택하는 지혜를 기르는 것입니다.

4단계: 마(磨)

돌을 갈아 광을 내는 단계입니다. 마지막으로 윤기를 내는 과정으로, 말에 진심과 따뜻한 온기를 불어넣어 사람의 마음을 움직이는 경지입니다.

공자의 가르침은 인격과 말투가 완성품으로 주어지는 것이 아니라 끊임없는 가공 과정을 통해 만들어진다는 사실을 시사합니다. 많은 사람들이 '절'이나 '차'의 단계에서 멈춘 채 살아갑니다. 하지만 진정한 보석이 되려면 옥을 쪼고(탁), 돌을 갈아 빛을 내는(마) 고통스러운 정성이 필요합니다.

다음은 평생의 과업인 '말투 세공'을 위해 일상에서 실천할 수 있는 구체적인 방법들입니다.

첫째, '하루 한 문장 절차탁마' 일기를 써라

매일 저녁, 오늘 내가 한 말 중 가장 후회되는 문장 하나를 고르세요. 그리고 절차탁마 4단계를 적용해 다시 써 보세요.

"왜 안 했어?" (후회)

→ (절) "안 했네."

→ (차) "아직 못 했구나."

→ (탁) "어떤 부분이 어려웠어?"
→ (마) "함께 방법을 찾아보자."

이 과정을 3주만 반복하면, 뇌는 새로운 언어 회로를 자동화하기 시작합니다. 이때 쓰는 행위가 뇌에 새로운 언어 회로를 각인하는 조각칼 역할을 합니다.

둘째, '롤모델 말투 벤치마킹'으로 연마하라

평소 존경하는 인물 한 명을 떠올리고, 그 사람의 말투를 관찰하세요. 유튜브 등에서 그 사람의 인터뷰나 강연을 찾아 10분간 듣고, 특히 인상 깊은 표현 세 개를 적으세요. 그리고 거울 앞에서 그 표현을 10번씩 소리 내어 연습하세요. 좋은 말투를 모방하는 것은 보석 장인의 기술을 전수받는 것과 같습니다. 한 달 후, 당신의 말투에서 롤모델의 품격이 배어 나올 것입니다.

셋째, '피드백 파트너'와 함께 다듬어라

배우자나 신뢰할 수 있는 동료를 말투 파트너로 정하고 일주일에 한 번, 서로의 말투에 대해 솔직한 피드백을 주고받으세요.

"이번 주 나의 말투에서 좋았던 점 세 가지와 아쉬웠던 점 한 가지를 말해 줘."

　이때 상대방의 비판을 방어하지 말고 "알려 줘서 고마워. 앞으로 고쳐 볼게"라고 감사히 수용해야 합니다. 혼자서는 자신의 뒷모습을 볼 수 없습니다. 타인의 피드백을 경청하는 것은 당신의 언어를 보석처럼 더욱 찬란하게 빛내 줄 마지막 연마 과정입니다.

　말투는 당신이 살아 온 세월의 나이테이자 앞으로 살아갈 인생의 예고편입니다. 거친 돌덩이로 남고 싶은가요, 아니면 은은하게 빛나는 보석이 되고 싶은가요? 그 선택은 매일 당신의 입에서 나오는 말 한마디에 달려 있습니다. 오늘 당신의 언어를 정성스럽게 갈고닦아 보세요. 잘 세공된 언어의 보석에서 흘러나오는 빛이 당신의 앞날을 환하게 비출 것입니다.

자녀의 인생까지 결정하는
부모의 인격

"아이에게 남겨 줄 최고의 유산은 계좌가 아니라 말투의 품격이다."

- 필자 박근일

"얘, 제발 공부 좀 해!"

"너 또 게임이야?"

"아무튼 맨날 그 모양이지."

우리는 사랑이라는 이름으로, 훈육이라는 명분으로 이런 날 선 말들을 자녀에게 쏟아 냅니다. 하지만 부모가 무심코 던진 이 말들이 자녀의 뇌에 그대로 각인돼 평생의 언어 습관을 만들고, 그 습관이 결국 그들의 인격을 형성한다는 사실은 깨닫지 못합니다. 부모의 신체적 특징을 자녀가 물려받듯 부모의 말투 역시 자녀에게 대물림됩니다. 당신이 오늘 자녀에게 건네는 말 한마디는 10년 후, 20년 후 그들이 세상과 소통하는 방식이 됩니다.

많은 부모가 자녀에게 무엇을 물려줄지 고민합니다. 특히 대한민국 부모들은 서울의 아파트 한 채, 든든한 통장 잔고가 최고의 유산이라 믿으며 밤낮으로 일합니다. 하지만 숫자로 계산되는 유산에 몰두하는 사이 정작 가장 중요한 유산은 놓치고 있습니다. 바로 '품격 있는 언어'입니다.

집은 언제든지 팔 수 있고 통장 계좌의 돈도 사라지기 마련이지만, 몸에 밴 언어 습관은 평생 자녀를 따라다니며 그들의 인간관계를 결정하고 삶의 기회를 좌우합니다. 거친 말 습관을 물려받은 아이는 거친 인생을 살고, 존중하는 말 습관을 물려받은 아이는 품격 있는 삶을 삽니다. 부모가 자녀에게 건넬 수 있는 최고의 유산은 통장 잔고가 아니라 어떤 상황에서도 품위를 잃지 않는 아름다운 언어 태도입니다.

중학생 딸을 둔 미애 씨는 습관적으로 이렇게 말하기 일쑤였습니다.

"소정아, 넌 왜 이것밖에 못해?"

"동생은 나이도 어린데 잘하잖아. 그런데 넌 왜 안 돼?"

비교와 비난을 일삼던 미애 씨는 어느 날 딸이 동생에게 소리치는 모습을 보고 깜짝 놀라고 맙니다.

"야, 너 왜 맨날 그래? 어휴, 정말 답답하네!"

언니가 윽박을 지르자 동생은 울음을 터뜨렸습니다. 그뿐만이 아니었습니다. 학부모 모임에 나간 미애 씨는 친한 엄마로부터 미애가 따돌림을 당한다는 충격적인 소식을 들었습니다.

"소정 엄마, 내가 이런 이야기하기가 좀 조심스러운데… 우리 애가 그러는데 소정이가 하도 애들에게 말을 못되게 해서 애들이 같이 안 논대."

미애 씨는 딸의 공격적인 언행이 자신의 평소 말 습관 때문인 것 같아 무척 괴로웠습니다. 더 이상 딸의 인생을 망칠 수는 없다는 생각에 미애 씨는 의식적으로 말투부터 바꾸기로 결심했습니다.

"소정아, 어떤 부분이 어려워? 엄마가 숙제 같이 도와줄게."

"소정이가 노래를 정말 잘하잖아. 그러니까 피아노도 잘 칠 수 있을 거야. 우리 천천히 연습해 보자."

미애 씨의 말투가 비난에서 격려로 바뀌자 딸의 언행 역시 눈에 띄게 부드러워졌습니다. 친구 관계도 자연스럽게 회복됐음은 물론입니다.

대학생 아들을 둔 태훈 씨는 평소 아들에게 말할 때 군대식으로 명령했습니다. 오랫동안 직업 군인으로 복무하다 보니 자기도 모르게 강압적인 말투가 튀어나오곤 했습니다.

"김영석, 너 빨리빨리 안 움직여?"

"말대꾸하지 마라."

그러던 어느 날, 학비를 벌기 위해 휴학을 하고 아르바이트 중이던 아들이 어렵게 얻은 아르바이트 자리를 2주 만에 그만 두었습니다. 이유를 묻자 아들은 태훈 씨의 눈치를 보며 이렇게 말했습니다.

"아버지, 그게 말이에요… 점장님이 아버지처럼 막 명령하고 짜증을 내며 말씀하셔서… 제가 편의점에 출근할 때마다 숨이 잘 안 쉬어져요."

아들의 말을 들은 태훈 씨는 가슴이 철렁했습니다. 자신의 권위적인 말투가 아들이 사회생활을 하는 데 장애물이 된 것입니다. 태훈 씨는 그날부로 명령조로 말하기를 멈췄습니다. 대신 부드러운 말투를 사용하려고 노력했습니다.

"영석아, 오늘은 계획이 뭐니? 아빠가 도와줄 일이 있을까?"

시간이 흐르자 늘 굳어 있기만 하던 아들의 표정에 웃음기가 흘렀고, 늘 눈치를 보는 듯한 태도도 사라졌습니다. 자신과의 대화가 편해졌다는 아들의 말에 태훈 씨는 이제라도 자신의 거친 말 습관을 고쳐서 다행이라고 생각했습니다.

3,000만 단어의 격차

부모의 언어가 자녀의 인생을 결정한다는 사실은 미국 캔자스대학교의 베티 하트와 토드 리슬리 박사의 연구에서 명확히 드러납니다. 두 사람은 42가구를 대상으로 3년간 부모와 자녀의 대화를 녹음, 분석해 그 유명한 '3,000만 단어 격차' 개념을 발견했습니다. 이들의 연구에 따르면, 전문직 가정의 아이들은 3세까지 약 4,500만 단어에 노출되지만, 저소득 가정 아이들은 1,300만 단어밖에 듣지 못했습니다. 무려 약 3,000만 단어의 격차가 벌어진 셈입니다.

하지만 더 중요한 것은 '질적 차이'였습니다. 전문직 가정에서는 "잘했어", "어떻게 생각해?" 같은 긍정적 피드백이 압도적으로 많았지만, 저소득 가정에서는 "안 돼", "하지 마" 같은 부정적 피드백이 두 배 더 많았습니다.

가장 충격적인 발견은 '언어의 대물림'이었습니다. 3세 아이의 언어 패턴과 어휘력은 부모와 놀랍도록 일치했고, 이 격차는 9세 때의 학업 성취도와 지능 발달을 85퍼센트 이상 예측했습니다.

미애 씨의 자녀가 부모의 말투를 거울처럼 따라 한 것은 우연이 아닙니다. 부모의 언어는 자녀의 뇌에 깔리는 운영 체제와 같아서, 아이들은 그 시스템대로 사고하고 말하며 자신의 인생을 설계해 나갑니다.

'내 아이에게 무엇을 물려줄 것인가.' 이는 모든 부모의 가장 깊은 고민일 것입니다. 다음은 자녀의 미래를 위해 지금 당장 실천할 수 있는, 세 가지 '품격 있는 언어 상속' 방법입니다.

첫째, '일주일 언어 녹음 프로젝트'로 말투를 점검하라

일주일 동안 식사 시간이나 숙제를 봐줄 때 자녀와의 대화를 스마트폰으로 녹음해 들어 보세요. 그리고 긍정 표현 대 부정 표현의 비율, 명령하는 문장 대 질문하는 문장의 비율을 체크하세요. 하트와 리슬리의 연구에 따르면, 긍정 표현이 부정 표현보다 6배 이상 많아야 건강한 비율이라고 합니다. 녹음된 당신의 목소리는 당신이 지금 자녀에게 어떤 유산을 물려주고 있는지 적나라하게 보여 줄 것입니다.

둘째, '대물림 차단 문장'을 만들어 연습하라

부모님으로부터 물려받아 나도 모르게 자녀에게 쓰고 있는, 상처 주는 말을 찾아내세요. 그리고 이를 대체할 문장을 만들어 연습하세요.

"너는 왜 맨날 그 모양이니?"

→ "오늘 학교에서 무슨 일 있었니? 엄마/아빠한테 말해 줄래?"

"빨리 안 해?"

→ "네가 할 수 있는 속도로 해 봐. 도움이 필요하면 말해 줘."

이 문장들을 포스트잇에 적어 냉장고 문에 붙여 두고, 매일 아침 세 번씩 소리 내어 읽으세요. 3주 후면 뇌의 회로가 바뀌어 자연스럽게 이 문장들이 입에 붙게 됩니다.

셋째, '언어 유산 선언문'을 가족과 공유하라

"나는 내 자녀에게 이런 언어를 물려주겠다"라고 선언문을 작성하세요.

"나는 아이가 실패했을 때 비난 대신 '괜찮아, 다시 해 보자'라고 말하는 부모가 되겠다."
"나는 화가 났을 때도 소리치지 않고 '지금 속상하지만 이렇게 말할게'라고 감정을 조절하는 모습을 보여 주겠다."

이 선언문을 거실의 잘 보이는 공간에 붙여 두고 가족회의 때 함께 읽으세요. 부모가 노력하는 모습을 보여 주는 것만으로도 가정의 언어문화는 혁명적으로 바뀝니다.

우리가 자녀에게 진정으로 남겨 줄 최고의 유산은 다 쓰고 사라질 재산이 아니라 평생 그들의 삶을 지탱해 줄 품격 있는 언어입니다. 오늘 당신이 건네는 따뜻한 말 한마디가 자녀의 찬란한 미래가 된다는 사실을 잊지 마세요.

05

저 사람은 원래 저렇다는
말의 속뜻

"선한 말은 꿀송이 같아서 마음에 달고 뼈에 양약이 되느니라."

- 《구약 성경》, 〈잠언〉 16장 24절

"저 사람은 말 한마디로 사람을 편하게 해."
"그분은 말투부터가 믿음직스러워."

우리는 누군가를 처음 만나 단 몇 분 대화를 나누는 것만으로 그 사람에 대한 인상을 형성합니다. 그리고 한번 굳어진 그 인상은 쉽게 바뀌지 않습니다. 이것이 바로 '퍼스널 브랜드'입니다. 말투는 당신이 세상에 보내는 가장 강력한 신호이며, 당신의 브랜드를 완성하는 핵심 요소입니다.

우리는 모두 직장에서, 가정에서, 지역사회에서 이미 자신만의 브랜드를 가지고 있습니다. "저 사람은 원래 저래"라는 말 속에는 수십 년간 축적된 당신 말투의 흔적이 고스란히 담겨 있습니다. 문제는 많은 사람들이 자신의 브랜드를 의식적으로 관리하지 않는다는 것입니다. 말투를 방치하면 부정적인 퍼스널 브랜드가 만들어지고, 말투를 정성껏 가꾸면 긍정적인 퍼스널 브랜드가 형성됩니다. 당신이 매일 사용하는 말 한마디 한마디가 쌓여서 '당신이라는 이름의 브랜드'를 만드는 것이죠.

아무리 뛰어난 능력을 가진 사람이라도 말투 관리를 못 하면 소중한 기회를 잃고 맙니다. 말투는 당신의 인격을 대변하는 로고이자 당신의 가치를 전달하는 광고입니다. 지금부터라도 당신의 말투 브랜드를 의식적으로 설계하고 관리해야 하는 이유입니다.

경숙 씨는 동네 모임에서 '소식통'으로 불렸지만, 평판은 그리 좋지 않았습니다. 무슨 소식을 전하든 부정적인 평가 일색이었기 때문입니다.

"그렇게 해선 안 될 일이죠."

"그거 관리사무소에서 이미 다 정해진 거예요. 이제 못 바꿔요."

"새로 생긴 마트, 물건 값이 너무 비싸요."

사람들은 경숙 씨 앞에서는 "아, 그런가요. 알려 줘서 고마워요"라며 맞장구쳤지만, 뒤에서는 수군거리며 그녀를 피하기 바빴습니다.

"경숙 씨랑 있으면 기 빨리지 않아요?"

"매사 안 좋게만 말하니까 수다 떨고 나면 괜히 찝찝해."

남들이 생각하는 그녀의 브랜드는 '만나면 피곤한 사람'이었습니다. 언제부터인가 사람들이 자신과 대화하길 꺼린다는 느낌을 받은 경숙 씨는 고립감을 느꼈습니다.

'내가 그동안 너무 깎아내리는 투로만 말했나?'

경숙 씨는 의식적으로 부정어를 버리고 '인정'과 '대안'의 언어를 쓰기 시작했습니다.

"영재 엄마, 그거 관리사무소에 잘 말하면 해결이 가능하대."

"가까운 데 마트가 새로 생기니 장 보러 가기도 수월하고, 가족들한테 좋은 재료로 맛있는 걸 해 줄 수 있으니 감사하죠."

어느덧 시간이 흐르자 이웃들은 어려운 일이 생기면 경숙 씨를 찾아와 조언을 구했습니다. 소식통인 데다 건설적인 해결책을 함께 고민해 주니 그녀는 동네의 '지혜로운 멘토'로 존경받게 됐습니다. 말투가 바뀌자 그녀의 사회적 지위와 브랜드가 달라진 것입니다.

국립 대학교 교무처에서 오랫동안 행정실장으로 일해 온 상진 씨는 20년 경력의 베테랑이었지만, 직원들 사이에서는 독단적인 말투로 유명했습니다.

"박 계장, 그거 내가 해 봐서 아는데 그렇게 하는 게 아니라니까."
"송 팀장, 군말하지 말고 내 말대로 해."

일터에서 그의 브랜드는 '능력은 있지만 소통이 불가능한 꼰대'였습니다. 이후 리더십 평가에서 최하점을 받은 상진 씨는 큰 충격을 받고 말았습니다. 무엇보다 결과를 보고받은 교무

처장이 상진 씨를 따로 불러 심각한 표정으로 이야기를 했습니다.

"최상진 실장, 우리가 명색이 교육 기관에서 일하는 사람들인데, 거친 말로 아랫사람들한테 상처를 줘서 쓰겠나. 직위에 걸맞게 품위를 갖추길 바라네."

평소 조용하고 점잖기로 소문난 상사에게 쓴소리까지 듣고 나니 상진 씨는 정신이 번쩍 들었습니다. 그날 이후 상진 씨는 자신의 말 습관을 점검하며 말투를 부드럽게 바꾸려고 노력했습니다.

"박 계장, 내 경험상 그 일은 이런 식으로 처리하는 게 좋았는데, 자네 생각은 어떤가?"
"송 팀장, 내 생각에는 이 방법이 좋아 보이는데, 더 나은 아이디어가 있으면 같이 논의해 봅시다."

독불장군 같았던 상진 씨의 말투가 봄바람처럼 부드러워지자 직원들은 그를 차츰 소통하는 리더로 인식하기 시작했습니다. 1년 후, 상진 씨는 직원들이 뽑은 '가장 닮고 싶은 멘토'로 선정됐습니다. 상진 씨는 권위를 내려놓고 신뢰라는 퍼스널 브랜드를 새롭게 쌓은 것입니다.

당신의 말이 당신의 인생을 말한다

말투가 한 사람의 인생을 대표하는 브랜드가 된다는 사실은 기원전 10세기 이스라엘의 왕이자 현자로 일컬어지는 솔로몬의 지혜가 담긴 〈잠언〉에서 깊이 있게 다뤄졌습니다. 솔로몬은 무려 3,000여개의 잠언을 남겼는데, 그중 상당 부분이 '말'의 힘과 영향력에 대한 것입니다. 특히 〈잠언〉 16장 24절은 선한 말이 지닌 치유 능력을 탁월하게 표현한 명문입니다.

"선한 말은 꿀송이 같아서 마음에 달고 뼈에 양약이 되느니라."

이 구절은 단순한 비유가 아닙니다. 고대 사회에서 '꿀'은 가장 귀한 식품이자 유일한 천연 감미료였고, '양약'은 생명을 살리는 치유제였습니다. 솔로몬은 품격 있는 말이란 단순히 듣기 좋은 소리가 아니라 사람의 영혼을 기쁘게 하고(꿀), 무너진 마음과 육체를 회복시키는(양약) 실질적인 힘이 있다고 봤습니다. 즉, 좋은 말투를 가진 사람은 그 존재 자체로 주변 사람들에게 생명력을 불어넣는 '치유자'로서의 브랜드를 갖게 된다는 뜻입니다.

더 나아가 〈잠언〉 22장 1절의 문장도 곱씹을수록 배울 점이 많습니다.

"많은 재물보다 명예를 택할 것이요, 은이나 금보다 은총을 더욱 택할 것이니라."

여기서 '명예(이름)'가 바로 오늘날의 '브랜드'입니다. 솔로몬은 한 사람이 평생 쌓아 온 '이름값'이 금은보화보다 더 가치 있다고 봤는데, 이 이름을 만드는 가장 핵심적인 도구가 바로 '입술의 말'입니다.

한편 〈잠언〉 18장 21절은 다음과 같이 선포합니다.

"죽고 사는 것이 혀의 힘에 달렸나니."

거친 말은 칼이 되어 자신의 브랜드(이름)를 베어 버리고 파멸로 이끌지만, 지혜로운 말은 생명의 나무가 되어 그 사람을 존귀한 자리에 앉힙니다. 솔로몬의 통찰에 따르면, 우리가 매일 사용하는 말투는 공기 중으로 흩어지는 소리가 아니라 내 인생의 집을 짓는 벽돌이자 나라는 사람을 세상에 알리는 가장 확실한 간판입니다.

경숙 씨와 상진 씨가 말투를 바꾸자 주변의 대우가 달라진 이유는 무엇일까요? 두 사람이 '혀의 힘'을 사용해 자신의 '이름(브랜드)'을 새롭게 건축했기 때문입니다.

다음은 내 인생을 명품으로 만드는 언어 전략입니다. 이 세 가지 방법을 매일 잊지 않고 실천한다면 많은 사람들이 당신을 존귀하고 품격 있는 사람으로 기억할 것입니다.

첫째, 나만의 '브랜드 키워드 세 개'를 정하고 실천하라

먼저 스스로에게 다음과 같이 물어보세요.

'나는 타인에게 어떤 사람으로 기억되고 싶은가?'

이 질문에 대한 대답으로 '신뢰', '따뜻함', '지혜', '열정' 등 핵심 키워드를 세 개 꼽으세요. 그리고 모든 언어생활을 그 키워드에 맞춰 실행하세요. 만약 '따뜻함'이 키워드라면, "수고했어요", "괜찮아요", "덕분입니다"라는 말을 입버릇처럼 사용하세요. 〈잠언〉이 말하는 '꿀송이 같은 말'을 당신의 시그니처로 삼으시길 제안합니다. 일관성 있는 언어가 쌓여 브랜드가 된다는 사실도 잊지 마시고요.

둘째, '첫 세 문장 원칙'으로 첫인상을 관리하라

사람을 만날 때, 전화를 받을 때 내뱉는 첫 세 문장을 의식적으로 설계하세요. "만나서 반갑습니다", "귀한 의견 감사합니다", "함께 좋은 결과를 만들어 봅시다"와 같은 긍정적이고 힘 있는 언어로 대화를 시작하면, 상대방의 뇌리에 당신은 '긍정적인 브랜드'로 각인됩니다. 반면에 부정적인 말이나 한숨으로 시작하면 그것 역시 곧 당신의 브랜드가 된다는 사실을 명심하세요.

셋째, '월 1회 브랜드 체크리스트'로 말 습관을 점검하라

매달 말, 가족이나 신뢰하는 동료에게 물어보세요.

"이번 달에 내가 한 말 중 가장 기억에 남는 말이 뭐야?"
"나를 한 단어로 표현하면 어떤 느낌이야?"

타인의 피드백은 거울과 같습니다. 만약 부정적인 피드백이 있다면 즉시 수정하고, 긍정적인 피드백은 강화하세요. 당신의 말투를 정기적으로 점검하고 업데이트하는 것이야말로 평생의 자산을 만드는 길입니다.

말투는 당신이 세상에 내놓는 가장 확실한 보증서입니다. 옷차림은 퇴근하면 벗어 버릴 수 있지만, 말투는 24시간 당신과 함께하며 당신이 어떤 사람인지를 정의합니다. 오늘부터 당신의 언어를 갈고닦아 당신의 인생을 명품으로 만드세요. 당신은 그럴 자격이 충분한 사람입니다.

사람과 인생의 격을 올리는 말 습관 30

말투가 인격이다

© 박근일 2026

인쇄일 2026년 2월 11일
발행일 2026년 2월 18일

지은이 박근일
펴낸이 유경민 노종한
책임편집 이현정
유노북스 이현정 이소연
기획마케팅 1팀 우현권 이상운 **2팀** 최예은 전예원 김민선
디자인 남다희 허정수
기획관리 차은영
펴낸곳 유노콘텐츠그룹 주식회사
법인등록번호 110111-8138128
주소 서울시 마포구 동교로17안길 51, 유노빌딩 3~5층
전화 02-323-7763 **팩스** 02-323-7764 **이메일** info@uknowbooks.com

ISBN 979-11-7183-159-3 (03190)